京なにわ　暮らし歳時記

京なにわ暮らし歳時記

船場の「ぼん」の回想録

山田庄一

岩波書店

目次

はじめに

本稿はもともと、平成三十年〈二〇一八〉に国立劇場から「上方文化について」文楽公演のパンフレットに何か書けとの依頼を受けて始まったもので、以来約二年半にわたって連載した。それを読んだ旧知の演劇評論家の矢野誠一君が、面白いから出版したらと岩波書店に奨めてくれて、実現したのが本書である。パンフレットに連載の分量ではとても一冊の本には足りないので、かねてから書き残しておきたいと考えていた「戦前の冠婚葬祭」や、今では失われてしまった「食文化」などについて書き足すことにした。しかし、全て私自身の体験や見聞なので、記憶違いもあろうし、間違いも少なくないと思うが、その点は大正生まれの年齢に免じてお許しを頂きたい。

私が生まれた水落家は大阪船場のド真ン中、東区安土町二丁目〈現在の中央区安土町一丁目〉にあった。堺筋を西へ入った北側にあり、決して大店ではなかったが、紀州出身の初代〈享保十四年〈一七二九〉没、享年不詳〉が呉服商、和泉屋庄兵衛として独立開業した古い家に、九代目に当たる私の父まで代々住み続けてきた旧家だというので、多少世間にも知られていた。家の近

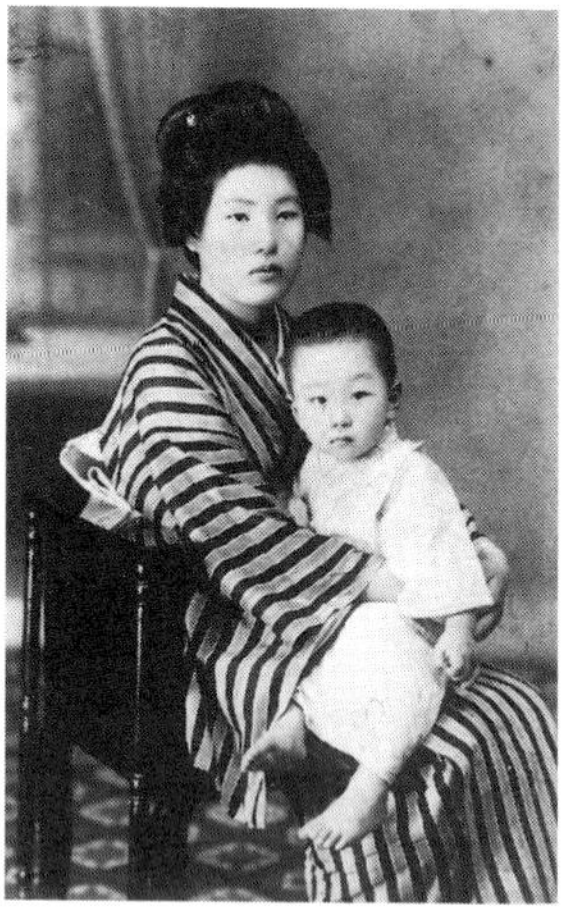

著者１歳ごろ，乳母と共に．
(昭和２年ごろ，著者蔵)

所は全て商家で古い建物が多く、それぞれ呉服、綿布あるいは洋紙などの卸問屋が軒を並べて、品物の搬送で賑わっていたが、私の小学生時代はまだ荷馬車や大八車にリヤカーが主流、昭和十年ごろからトラックやオート三輪が多くなっていった。またポツリポツリと洋館も混じって建てられていたが、それらは社名や形を変えて現在まで続いている日紡、丸紅、伊藤忠、伊藤萬などの大会社であった。

私の家が長く続いたのには理由がある。それは女系家族だったことである。三代目が早逝したので、二代目の娘が養子を迎えて四代目を継いだあと、七代目に男の子が生まれるまで、ずっと代々養子が主人だった。養子は選ばれて来るから商売の腕は確かだが、家付きの娘には頭が上がらず家庭の実権は女房が握っている。しかし、戦前までの男子社会では、女性が自由に発散できるのは着物を買うか芝居見物ぐらいしかなかった。わが家の女性たちも、ご多分にもれず代々が芝居好きで、それぞれ贔屓役者を応援していたようだ。さて約百四十年ぶりに男子に恵まれた七代目はちょうど明治維新の時で、そのころは正業の呉服ばかりでなく、大名(といっても分家の小藩ばかりだが)貸しも行っていたので、全て貸し倒れになって家産の再建に

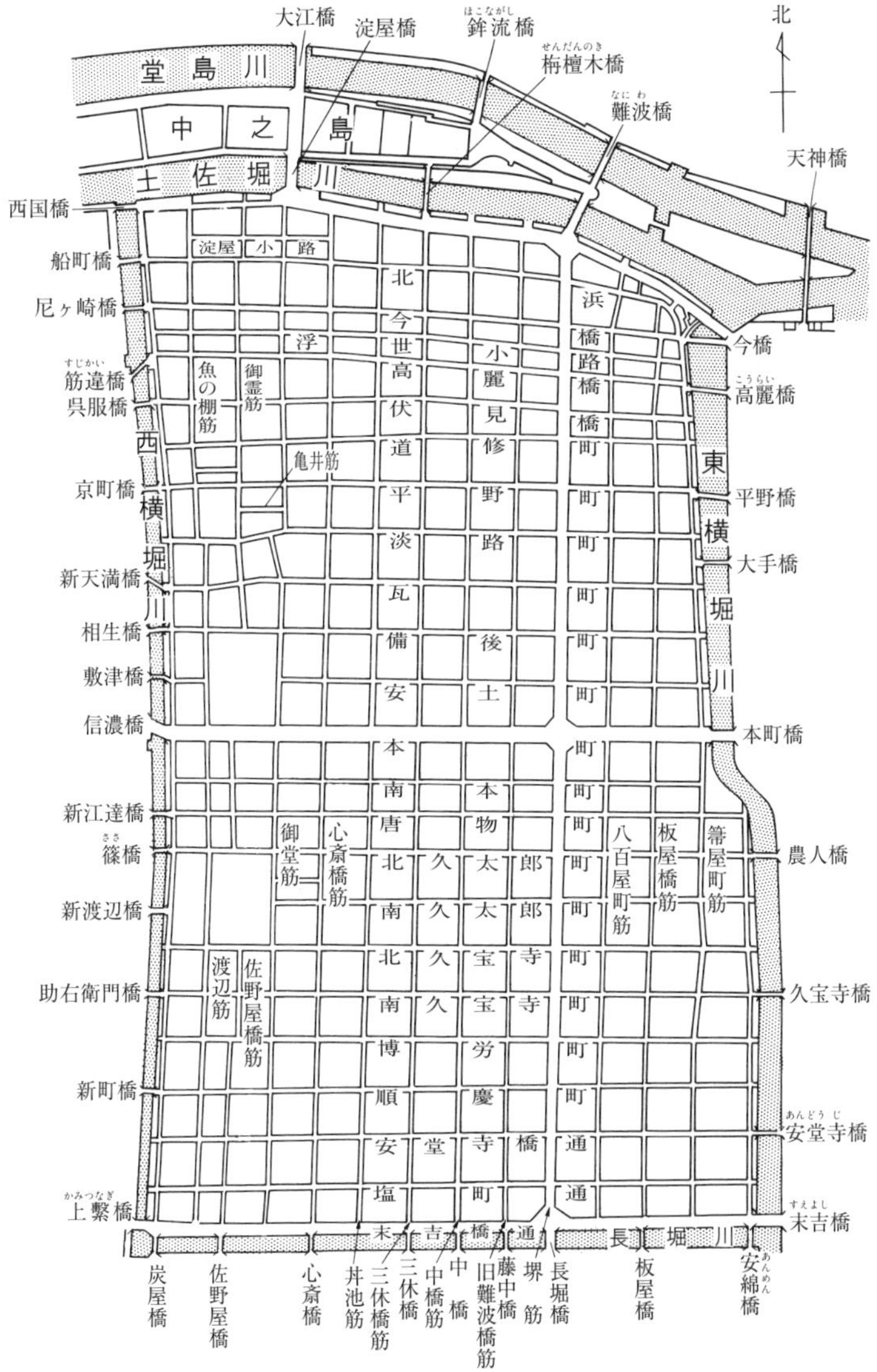

船場の地図(『日本の食生活全集 27 聞き書 大阪の食事』農文協より)

ずいぶん苦労をしたようだ。それはさて置き、せっかく設けた男の子は、生来病弱で学校へもろくに通えなかった。しかし、学問は好きで、藤沢南岳の私塾で漢学を学んだり、川口の商館の外国人に英語を習ったり、また日本画や洋画も稽古して、それなりに教養を身につけていった。一応、成人して八代目庄兵衛を名乗ったが、商売は二の次で、若くから好んだ俳句では正岡子規の門に入った。水落露石と号し、初の句誌を刊行した時には、子規から「俳諧の西の奉行や月の秋」の祝いの句を貰っている。もちろん歌舞伎も好きだったが、文楽の三世竹本大隅太夫、新派の高田実、喜多村緑郎らとも親交があった。しかし、大正八年(一九一九)のスペイン風邪で四十八歳の若さで急逝した。当時、私の父・九代目は数え年の十九歳、そこで、まだ健在だった七代目は廃業を決断、以来わが家は「仕舞屋《しもたや》」(商売を止めた家)となった。だが、芝居好きは変わらず、私の子供のころも成駒屋(中村鴈治郎)、高砂屋(中村梅玉)、高島屋(市川右団治)などの男衆《おとこし》(番頭)や芝居茶屋が始終出入りして、毎年正月には役者当人が年始の挨拶に来ることもあった。こんな環境で育てられた私も、当然無類の芝居好きになり、少年期から将来は演劇関係の仕事がしたいと思っていたのが、戦争のお蔭で多少回り道はしたけれど、最終的に国立劇場で歌舞伎や文楽の仕事に就いたわけである。

では、そろそろ本題に取りかかろう。

上方文化のなりたち

現在、ＪＲの東京発の列車は「下り」、東京着は「上り」と呼んでいる。これはもちろん、東京が日本の首都であるためだが、明治維新による東京遷都（明治元年〈一八六八〉）までは、都は京にあったから「上り」は京に行くことだった。俗謡の文句も「お江戸日本橋七つ立ち、初上り……」である。桓武天皇の平安遷都（延暦十三年〈七九四〉）以来、京都は約千百年の王城の地であり、文化の中心だった。

平安前期は藤原氏の全盛時代で、宮廷貴族による和歌や文学、それに舞楽などの芸能、建築も絵巻物に見られるような寝殿造りで屋根は檜皮葺《ひわだぶ》き（もちろん、一般庶民は粗末な小屋住まいだった）。これらは平氏が政権を握った後期まで継承されたが、源平合戦のあと源頼朝が開いた鎌倉幕府による武家政治が始まると一変する。北条氏に庇護された鎌倉五山、すなわち建長寺、円覚寺、寿福寺、浄智寺、浄妙寺（いずれも臨済宗）を中心に、禅宗を基盤とする制度や文化が花開いた。同じころ都では法然（一一三三～一二一二）の浄土宗、さらに親鸞（一一七三～一二六二）の浄土真宗、少し遅れて日蓮（一二二二～八二）の法華宗（日蓮宗）、一遍（一二三九～八九）

の時宗《じ》（踊り念仏）など、それまでのような中国渡来ではない独自の教義を説き、貴族よりも大衆を教化する新しい仏教が生まれ、庶民の中に広まるとともに、中央から地方へと伝播して次の時代の芸能を生む要因となった。

鎌倉幕府が滅び、足利尊氏が京の室町に幕府を開き、南北朝の混乱期が終わって政権が安定すると、京は再び政治、文化の中心として甦る。鎌倉に倣う京都五山、すなわち天竜寺、相国寺、建仁寺、東福寺、万寿寺が定められ、義満が鹿苑寺（金閣）、義政が慈照寺（銀閣）を創建するなどにより、新しい書院造りの建築が生まれた。それに伴い、床の間や間仕切りの襖を飾るため、周文や雪舟らの水墨山水画が珍重され、部屋には畳が敷き詰められる。一方で佐々木道誉ら婆娑羅《ばさら》大名の出現や、風流《ふりゅう》の流行など華美を好む風潮が、やがて次代の傾《かぶ》き者や社寺の祭礼に引き継がれてゆく。また申楽《さるがく》など新しい芸能も生まれ、とくに義満の庇護を受けた観阿弥、世阿弥父子を中心とする大和申楽四座の隆盛が目立つ。しかし、この北山・東山文化の繁栄も長くは続かなかった。

足利家の後継争いに端を発した応仁の乱（一四六七年）に始まる全国的な争乱の世、いわゆる戦国時代になると、内裏や幕府こそ京を離れなかったものの、その力は地に堕ちて群雄割拠の世となり、さらに宗教一揆も起こって、京の街も大半焼失する惨状を呈した。ほぼ一世紀を経て織田信長が上洛を果たすと、直ちに京の街の復興に着手、幸いに焼け残っていた現在の鉾町《ほこちょう》

（北は丸太町、南は五条、東は寺町、西は新町に当たる。今も唄われる「丸竹夷《まるたけえびす》に押御池《おしおいけ》、姉三六角蛸錦《あねさんろっかくたこにしき》、四綾仏高松万五条《しあやぶったかまつまんごじょう》」は東西の通りの名を北から順に並べたもの）を核にした町造りと、新奇を好む性格から、当時渡来するようになった西欧の文物を積極的に採り入れたので、これまでになかった新しい文化が芽生えた。続く豊臣秀吉も遺志を継いで京の街の整備に努めるとともに、海陸の交通の便がよい大坂に城を築き周辺を埋め立て、それに縦横に堀割を設けて物資の運搬の便をはかった。同時に京や近江、さらにそれまで海外交流の拠点だった泉州堺から商人を移住させて物流経済の基点とした。

もともと大坂の地は瀬戸内海の東端に位置し、淀川と大和川河口の三角洲で水運の便がよく、古代の前後二期の難波宮や聖徳太子の四天王寺建立などが行われてきたが、当時は上町台地の西端まで海で平地が少なく、都市として発展しにくい面があった。ところが天文元年（一五三二）に蓮如の曽孫に当たる証如が、浄土真宗の本山としてこの地に石山本願寺を造り、寺内外を整えてから町が生まれ、それに続く秀吉の施策によって都市の形が整っていったのである。

関ヶ原の戦のあと、徳川家康が幕府を開いてから政治の中心は江戸に移ったが、当時の江戸は全くの新開地で、武家屋敷のほかは住民も少なく、文化や経済は京、大坂に比すべくもなかった。冬夏二度の大坂の陣で豊臣氏が滅亡すると、幕府は大坂を天領（直轄地）として商業、金融、経済の中心と位置づけ、米相場や北前船（千石船）の発着点としたから、全国から物資が集まり「天下の台所」と呼ばれた。こうして京、大坂を、いつしか「上方」と呼ぶようになったのである。

初期の江戸では、品質の優れた上方下《くだ》りの品が珍重されたから、つまらぬことを「くだらない」というようになったという。ただ同じ上方といっても、京と大坂ではずいぶん違う。第一、京では「上方」という言葉は使わない。これは公家文化と商人文化の差だろう。現在でも京都は伝統を重んじるが、大阪はどちらかというと実利を重視する。この傾向は、とくに戦後ひどくなったようで、これは京都は空襲を受けなかったのに、大阪はほとんど丸焼けになったことに起因していよう。

話を江戸初期に戻すと、京は信長や秀吉の庇護のもと永年の戦禍からの復興が目ざましく、周辺各地から人が集まった。茶道の隆盛に伴い、建築も書院造りから数寄屋造りの町家が生まれ、絵画も豪華絢爛な桃山風から光悦、光琳、宗達など和《やわ》らかで華やかなものが好まれた。ことに狩野派が幕府御用絵師として江戸に移ってからは、円山応挙らによる写生を基とする四条派が主流になる。応挙の門人からは松村呉春、長沢芦雪ら個性の強い画家が輩出し、その流れが近代になると竹内栖鳳、橋本関雪、上村松園、堂本印象らが京都画壇を形成する。近代の大阪にも庭山耕園、菅楯彦、中村貞以らの大阪画壇が生まれたが、ここでは一時期、木谷千種、島成園、生田花朝ら女流画家の活躍が目立った。

工芸では茶道の普及に伴い、千家十職などが中心になって楽焼や清水焼の陶磁器、釜や風炉の金工、蒔絵などの塗師の技術が花開く。

文芸では、かつて王朝貴族にもてはやされた和歌や漢詩に替わって、連歌や俳諧、さらには狂歌、川柳などが主流となった。寺子屋などがふえて文字が普及するにつれ、堅苦しくて長い物語よりも、身近な題材を扱った西鶴などの浮世草紙や、上田秋成の『雨月物語』など新しい形の小説が喜ばれるようになってゆく。

芸能では、能楽が武家式楽となって四座の家元は江戸に移ったが、京都御所や東西本願寺などに奉仕する人たちは京に残り、そこから優美で柔らかい感じの芸が生まれた。東西の違いは、とくに狂言にはっきり顕われている。また（現在は亡びてしまったが）「京観世」といった独自の芸も生まれた。

歌舞伎は慶長年間に、出雲の阿国が京の四条河原で興行した歌舞伎踊（念仏踊）を濫觴《らんしょう》とするが、寛永元年（一六二四）猿若勘三郎が江戸に下り中村座を開いてから、元禄（一六八八〜一七〇四）のころには江戸の市川団十郎、京の坂田藤十郎によって、それぞれ荒事と和事が創始され、土地柄の好みに応じた対照的な発展を遂げてゆく。ただ京の歌舞伎は藤十郎の死後、勢いがなくなり、上方歌舞伎の主力は大坂の道頓堀五座に移っていった。

操り（人形）浄瑠璃も最初は京に始まり、古浄瑠璃各派が競い合ったが、薩摩節や外記節などは江戸に下り、あるいは一代限りで後継者がなかったために、最終的には竹本義太夫、豊竹若太夫両座の競演が人気を集めた竹豊時代により、上方で浄瑠璃といえば義太夫節を指すほど、一世を風靡した。それは、藤十郎の歌舞伎脚本を書いていた近松門左衛門が、竹本座の座付作者となって大坂に移り戯曲の内容が充実、彼に続く竹田出雲、並木宗輔、三好松洛らによる三大名作『菅原伝授手習鑑《すがわらでんじゅてならいかがみ》』『義経千本桜《よしつねせんぼんざくら》』『仮名手本忠臣蔵《かなでほんちゅうしんぐら》』の上演や、人形に工夫を加えて一人遣いから三人遣いを考案した吉田文三郎ら名手の出現によるもので、一時は「歌舞伎はあって無きが如し」といわれるほどの全盛期を迎える。

もう一つ大坂には、町人学者と呼ぶ伝統があった。井原西鶴、西山宗因、契沖《けいちゅう》、穂積以貫《いかん》、木村蒹葭堂《けんかどう》らがそれぞれに活躍したのが始まりである。享保十一年(一七二六)八代将軍吉宗のころ、町家五人衆らが協力、大坂に半官半民の塾、懐徳堂が開かれると、武家町人の区別なく迎え入れたから、学問をする気運が高まった。山片蟠桃《ばんとう》、富永仲基、草間直方らの逸材を輩出するとともに、一般の私塾もつぎつぎに現われた。その中では「大塩の乱」を起こした大塩中斎(平八郎)の洗心洞、明治維新の成功に資した橋本左内、大村益次郎、福沢諭吉らを育てた緒方洪庵の適塾が有名である。この風潮は維新後も引き継がれた。

以上で上方文化の成立について概略を述べたが、十分に意を尽くし得なかった点は、お許し頂きたい。

第一章　暮らしの歳時記

歳時記といえば、当今では俳句の季語を扱った書物が一般的だが、本来は年間折々の行事などを記した歳時(事)の記を意味する。つまりこの章では上方(京、大坂)の年中行事について触れていこうと思うが、ただ列記しただけでは芸がないので、代表的な上方唄「十二月《じゅうにつき》」と端唄「京の四季」の歌詞を追いながら述べてみよう。もちろん唄には出てこなくても、私が覚えている行事については、その都度補足してゆく。

上方唄「十二月」は、宝暦九年(一七五九)に大坂で大流行した手毬唄で、どうやら新町の廓から始まったらしい。新町は江戸の吉原、京の島原と並んで幕府公許の遊廓であった。この三つ以外は岡場所と呼ばれて、いうなれば闇営業だったわけだ。

「十二月」の作者ははっきりとはわからないが、一説に新町の妓楼の主人某だという。廓の女の「性教育」の一つとして書いたものらしく、確かに全編に渉って年中行事を述べてゆく裏に、男女の交情の様子が巧みに隠されていて意味深長である。この歌詞については、上方落語家の桂米朝君が昭和三十年に『上方手まり唄 十二月 註釈』という全十五ページの小冊子を自費出版していて、私も一部貰った。確かに彼らしくいろいろと調べて事細かに説明してあり、本稿でも随分利用させてもらった。わずか百五十部しか出版しなかったので、ひょっとと古書会などに出たら珍本として高値がつくだろう。この唄はリズムがよいので、廓ではこれを囃しながら正月の餅を搗いたようで、私も島原の「角屋《すみや》」の餅搗《あも》きで聞いたことがある。芝居の『廓文章《くるわぶんしょう》』の下座唄にも使われているから、ご存じの方も多いと思う。

一方の端唄「京の四季」は在京の儒学者、中島棕隠《そういん》（一七七九〜一八五五）の作といわれ、京、とくに東山を中心に年中行事を巧みに詠み込んである。

それでは春夏秋冬の四季に分けて、上方の有名な諸行事をご紹介しよう。

春

上方唄「十二月」

トントントンまず初春の、暦《こよみ》開けば心地よいぞや皆姫始《ひめはじ》め、
一つ正月年を重ねて、弱いお客はつい門口《かどぐち》でお礼申すや、
新造《しんぞ》禿《かむろ》は例の土器《かわらけ》とりどり、なずな七草はやし立つれば、
心いきいきついお夷《えびす》や、じっと手に手を注連《しめ》の内とて、
奥も二階も羽根や手毬《てまり》の拍子《ひょうし》揃えて、音もどんどと突いて貰えば骨正月《ほねしょうがつ》や、
耐《こた》えかねつついく如月《きさらぎ》の、洩れて流るる水も薪《たきぎ》の能恥ずかしや、
摩耶《まや》の祭りか初午《はつうま》そうに、抱いて涅槃《ねはん》の雲に隠るる屏風の内で、
床の彼岸か聞くも精霊《しょうらい》、ア、よい弥生と指で悪じゃれ、
憎とふっつり桃の節句や汐干というて、痴話《ちわ》の炬燵《こたつ》で、
足で貝踏みや、衆道《しゅどう》好きとて高野《こうや》御影供《みえく》や

端唄「京の四季」

春は花いざ見にごんせ東山、色香争う夜桜や、浮かれ浮かれて粋も不粋も物堅い、

二本差しでも柔らこう、祇園豆腐の二軒茶屋

暦

〝暦〟は現在のカレンダーのことだが、もちろん江戸時代だから旧暦(太陰太陽暦《たいいんたいようれき》)である。明治維新後は欧米に倣って新暦(太陽暦)になったが、新政府のお膝下の東京以外は、正月行事のほかは旧暦を用いるところが多かった。それは農家や漁師などが旧暦の二十四節気《せっき》を作業の基本にしていたからで、上方では節句や盆も旧暦。ただ正確に日を調べるのは面倒だから、一月遅れで行っていた。

暦には各種あって、日捲《ひめく》り暦、大小暦、柱《はしら》暦など。日捲りは名の如く、一日に一枚ずつ捲ってゆくもので現在もある。大小暦というのは、その年の月の大小を示したもの。陰暦はもともと中国から伝わったが、月の満ち欠けを基準とする。従って一ヵ月三十日が基本だが、実際の満ち欠けより遅くなるので、大の月は三十日、小の月は二十九日とし、さらに十九年に七度の閏月《うるうづき》を置くことで調整する。閏年は一年の間に同じ月が二度ある(これを閏月という)年のことをいう。新暦のように四年に一度と決まっていないし、月の大小もおおよそ交互になっているが、大の月が続くこともあって毎年同じではなく、新暦のように「西向く士《さむらい》、小の月」というわけではない。そこで毎年、その年の月の大小を書いた暦が出来た。これは昭和初年にはまだあって、私の家でも出入りの糸屋さんか何かが年末に届けて来たのを、額に入れて台所の鴨居に掛けていた。木版刷（のように見えたが多分印刷だったのだろう）の長方形の紙の右側に大の月、左側に小の月（新暦だから毎年同じ）が書いてあり、真ん中の上には、その年の恵方、干支、その下は細かな枠に区切られて、それぞれ二十四節気などが書いてあり、一番下に、配り主の店の名が大きく書かれていた。書体は寄席文字のような感じで、左右の大小の月の部分だけが白抜き、濃紺か黒色で刷ってあった。

正月飾

暦の説明が長くなってしまったが、ここで正月飾について触れておこう。戦前までの上方の商家はいわゆるウナギの寝床で、間口が狭く奥行が長い。かなりの大店でも五間《けん》間口ぐらいだが、奥行は十数間もある。表は店の間で、東あるいは南側が通り庭で土間が背戸まで続く。通り庭の外側には井戸、戸棚、走り元（調理場）、内側には竈《かまど》と奥の間に続く上《あが》り口、土間の上は屋根裏まで吹き抜けで、明かり取りの天窓がある。正月の飾り付けは、私の家では、まず表に家紋入りの幕を張って真ん中を房付きの紐で絞る。その上に、通称ゴンボと呼ぶ太くて短い注《し》連《め》（裏白《うらじろ》＝山草、楪《ゆずりは》、橙《だいだい》、幣《へい》が付く）を飾る。ゴンボは大小いろいろあって、土蔵の入口に飾るのは表と同じだが、その他の入口、背戸や納屋、裏庭の下《しも》便所など、すべての入口の上には十五〜二十センチの小さいゴンボに、やはり小さい裏白、楪、幣、小さい葉《は》付蜜《つきみ》柑《かん》を付けて飾る。

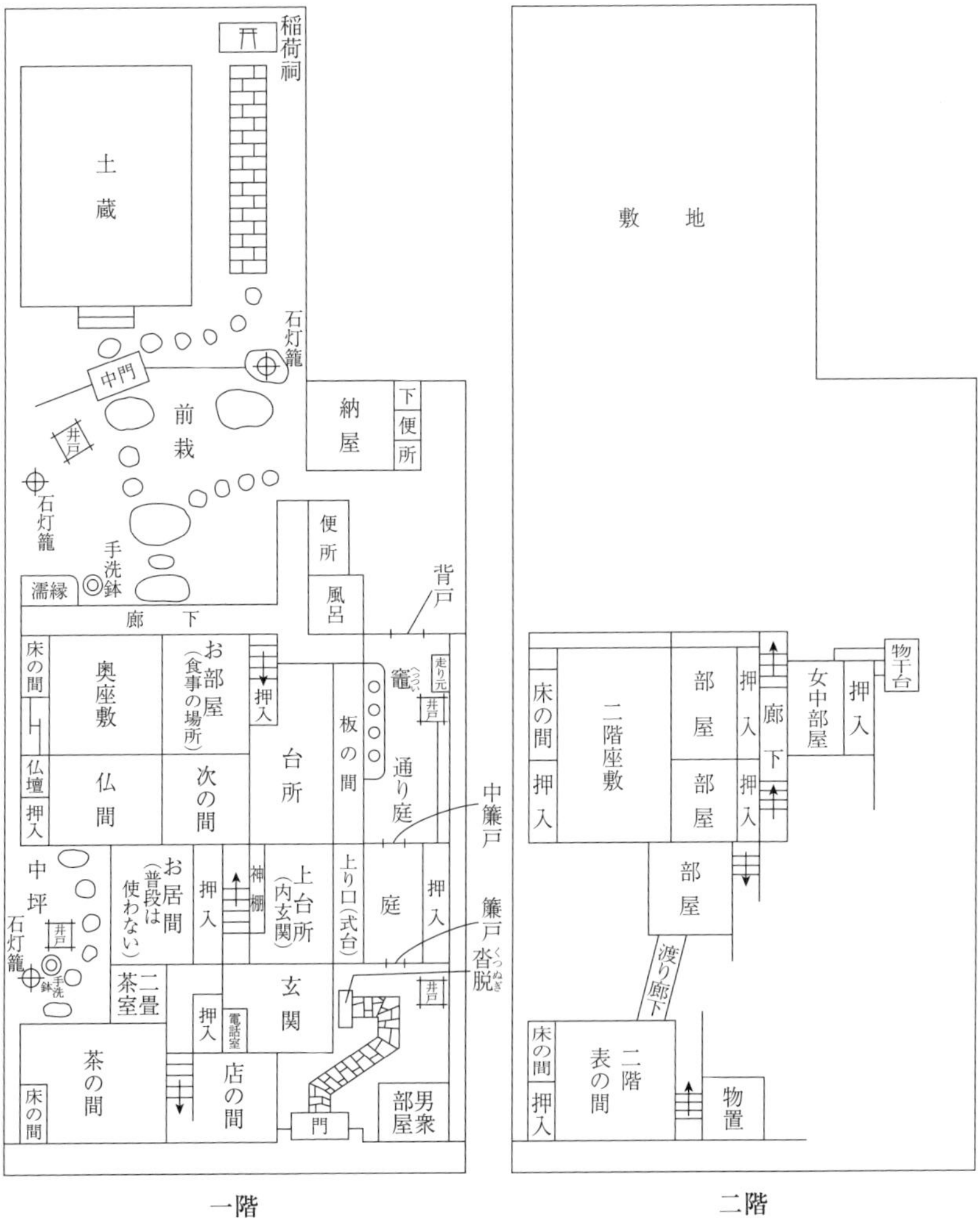
稲荷祠
土蔵
石灯籠
中門
前栽
井戸
石灯籠
手洗鉢
濡縁
納屋
下便所
便所
風呂
背戸
廊下
床の間
奥座敷
お部屋（食事の場所）
押入
竈《へっつい》
走り元
井戸
板の間
台所
通り庭
仏壇
仏間
次の間
押入
中簾戸
中坪
石灯籠
井戸
手洗鉢
お居間（普段は使わない）
押入
神棚
上台所（内玄関）
上り口（式台）
庭
押入
簾戸
沓脱《くつぬぎ》
二畳茶室
玄関
押入
電話室
井戸
茶の間
床の間
店の間
門
男衆部屋
一階
敷地
床の間
押入
二階座敷
部屋
押入
部屋
押入
廊下
女中部屋
押入
物干台
部屋
渡り廊下
床の間
押入
二階表の間
物置
二階

安土町の水落家　平面図

また通り庭の両側の長押《なげし》には、細い注連縄を張り廻らし、これにも九十センチぐらいの間隔に裏白と幣を付ける。

門松は、一般の商家では長さ一メートル弱の根引きの松を門の左右に飾る(東京は切り枝)。上方には輪飾りはなく、その代わり幹の部分に二つ折りの半紙を巻き、金銀や紅白の水引で締める。それも以前は、向かって右に雄松《おまつ》(黒松)左に雌松《めまつ》(赤松)と使い分けた。さらに注連飾りと同様、すべての出入口の左右の柱に、根引きの小松にやはり半紙を巻いて、一本ずつにほぐした水引で結び釘で打ち付ける。

鏡餅は東西変わらないが、私の家は飾る場所が多くて、一番大きいのは下の方が直径三十センチ以上もあり、奥座敷の床の間に蓬萊山《ほうらいさん》の画軸を掛けた前に、白木の三宝に裏白を敷いて置くが、上から白板昆布を垂らして橙を載せるだけの簡素なもので、伊勢海老や串柿などはなかった。このほか一回り小さいのを神棚、仏壇、土蔵(これは庭を隔てた縁側に)、台所の三宝荒神(これだけ三重《かさ》ね)に供える。いずれも三宝に同様に裏白を敷き、昆布、橙を飾るが、仏壇だけは三宝でなく、角切《すみき》りの白木の折敷《おしき》に低い足の付いたのを使っていた。また二階座敷の床の間には、初代から三代までの夫妻の絵像の軸を掛け、四代以降のは箱に収めたまま重ねて飾り、鏡餅と灯明を供えた。

雑煮

三ヵ日の雑煮は東西、というより土地土地で違うようだ。基本的に東の方は切餅で澄まし汁、上方(西)は丸餅で白味噌汁。さらに京都と大阪でも異なる。食器も東は雑煮椀のようだが、上方は祝い膳を使う。家々によっても少しずつ違うらしいが、これは食文化の章で詳しく述べることにする。

さて「十二月」の歌詞に戻ると〝まず初春の、暦開けば心地よいぞや皆姫始め〟。この「姫始め」については、「飛馬始」で武家の乗馬始め、あるいは「姫糊始」で女が初めて洗濯、張物をすることなど、古来諸説あるようだが、ここでは新年に初めて男女が交わること。〝心地よい〟に二つの意味が掛けてある。〝一つ正月〟も「一つしよう」。〝弱いお客はつい門口でお礼申す〟は、年始回りに奥へ通らず、門口で祝儀だけ述べて辞する客のことで、門礼者《かどれいしゃ》と呼んだ。これは舞踊の『乗合船恵方万歳《のりあいぶねえほうまんざい》』にも、町人髷に黒紋付、麻裃《あさがみしも》の姿で登場することがある。弱いとは、酒についてのことだが、暗に精力の弱い男のことも意味している。〝新造禿〟は遊女の見習いのことで、新造はせいぜい十五、六歳まで、禿はまだ子供。歌舞伎の『助六所縁江戸桜《すけろくゆかりのえどざくら》』で、揚巻や白玉ら太夫の道中に付いて登場するから、ご存じの方も多いと思う。浅黄色の振袖が新造、太夫の傍にいる赤い着物の子供が禿。一人だけ黒い留袖を着ているのは少し年増の番頭新造といって、いろいろと太夫の世話をするのが仕事である。さて〝土器〟は、いうまでもなく神前に供える素焼の盃で、神酒を頂く時に使うし、落語の『愛宕山《あたごやま》』に登場するように、山頂にある神社や寺で土器投げにも使われる。ただ、裏の意味は無毛の女陰のことで、〝例の土器〟とは新造、禿のことである。

七　草

三ヵ日がすむとつぎは〝七草〟。古来、五節句の最初の「人日《じんじつ》」で七草を食べる。七草は「春の七草」で芹《せり》、薺《なずな》、御形《ごぎょう》、蘩蔞《はこべ》、仏座《ほとけのざ》、菘《すずな》、蘿蔔《すずしろ》をいう。このうち菘は蕪《かぶ》、蘿蔔は大根の別称である。朝食に七草粥《かゆ》を食べる。前夜に神棚の前に座って、「唐土《とうど》の鳥が日本の土地へ、渡らぬ先に七草なずな」と唱えながら、俎板《まないた》の上に載せた七草を包丁で叩く習慣は全国共通しているようだが、歌詞は土地によって異なるらしい。ただ、私の家では古くから決まった仕来《しきた》りがあった。朝から七草を神棚に供えて置き、夕刻になると下ろして叩く。その際に、右手に菜刀《ながたな》、左手に台所の七つ道具（出刃、杓子、粥杓子、魚串《うおぐし》、菜箸《さいばし》、連木《れんぎ》＝擂子木《すりこぎ》、山葵卸《わさびおろ》しなど）のうち一つを持って、唱えながら両手で叩く。一度唱えると右手の包丁はそのままに、左手の道具を順次取り替えて、これを七度繰り返す。これは、本来は主人がするのだろうが、わが家では番頭の仕事であった。

十日戎《とおかえびす》

上方唄「十二月」の〝お夷〟は十日戎のこと。だがこれにも「おえる」(勃起する)の意味がこめられている。十日戎は関西各地の恵比須神社ではどこでも行われるが、大阪の今宮戎が最も盛大で、十日が本祭、前日が宵戎、翌日が残り福と三日間行われる。着飾った巫子《みこ》や福娘が、参詣人に小宝《こだから》(小さな小判、金箱、小槌などを束ねたもので吉兆という)を付けた福笹を授け、「商売繁昌で笹持って来い」と賑やかに囃し立てる様子は、テレビなどで全国的に有名だ。最近は西宮戎(兵庫県西宮市)の福男が一番を競う姿も有名になった。本祭の日は「宝恵駕《ほえかご》」といって、紅白の布で飾った駕籠《かご》に、正装した南地の若い芸妓を乗せ、行列を作って社内に繰り込む慣わしもある。戦後は芸妓が減って今里などから応援を求めていたが、最近は大阪の花街が全滅状態になり、道頓堀出演の歌舞伎の若手俳優や文楽人形、さらに福娘も動員して何とか続けている。

十日戎には、戦前は一般の商家でも、床の間に恵比須神の画幅を掛け、神酒や洗い米、それに一対の睨《にら》み鯛《だい》を供える。鯛は二十センチほどのものに赤い絹糸を掛けて鰭《ひれ》を開き、勢いよく反った形に整える。昔の道頓堀各座では、緋縮緬《ひぢりめん》の綿入れで長さ二メートルほどの大きさの睨み鯛を作り、鰭などを金糸で縫い取り豪華にして、舞台の欄間に掛け、真ん中に大きなゴンボを松の内だけ飾るのが決まりだった。戦後は絶えていたが、何とかこの仕来りを残したいと思い、私が文楽劇場を担当したときに復活させた。ただ戦前のように豪華なものは無理なので、発泡スチロールで形を作って彩色し、注連の代わりに当年の干支の字凧を使ったが、これは現在も踏襲されているようだ。なお授かった福笹は年末まで神棚に供える。

ところで、上方端唄に「十日戎」というのがある。歌詞はつぎのとおり。

十日戎

十日戎の売り物は、はぜ袋に取鉢、銭叺《ぜにかます》、小判《こばん》に金箱《かねばこ》、立烏帽子《たてえぼし》、
茹《ゆ》で蓮《ばす》、才槌《さいづち》、束《たば》ね熨斗《のし》、お笹を担《かた》げて千鳥足
手拍子《てびょうし》揃えてはなやかに、舞《まい》まう手に合わす締太鼓《しめだいこ》、誰しも見に行く花の山、
ちらと見染めし幕の内、その枝担げて千鳥足

二番は花見の唄で関係ないが、一番は明らかに十日戎の、それも笹に付ける小宝（吉兆）を指している。〝はぜ袋〟のはぜは、粽とか葩煎と書く、糯《もちごめ》を煎ったもので、現在のポップコーンのように子供に人気があり、正月に売り歩いたらしい。〝茹で蓮〟も同じく小宝とは関係ない

ようだが、それはさておき、この曲のメロディーが、何故か人形浄瑠璃で角力《すもう》取りの登場する場面のメリ（メリヤス＝詞《ことば》の間にBGMとして演奏する）に使われる。『双蝶蝶曲輪日記《ふたつちょうちょうくるわにっき》』の「角力場」、『関取千両幟《せきとりせんりょうのぼり》』の「稲川内」などだが、それは恐らく、同じ時期に角力の春場所が開かれていたためだろうと思う。

角力

ご承知のとおり、角力の歴史は古く、神話にある建御雷神《たけみかづちのかみ》と建御名方神《たけみなかたのかみ》の力比べによる国譲《くにゆず》りや、垂仁天皇の代に野見宿禰《のみのすくね》と当麻蹶速《たえまのけはや》が対戦したという古事が起源とされる。聖武天皇の代に、各地から相撲人《すまいびと》（力持ち＝力士）を集めて節会《せちえ》相撲が行われ、以後は相撲節会として宮中の儀式の一つになった。室町時代には職業とする力士も現われ、江戸時代になると江戸や大坂で勧進相撲が始まった。江戸の勧進相撲は天明期（一七八一〜八九）に、明暦の大火の死者の供養として建立された両国の回向院で催されたのが最初とされるが、大坂は堀江で行われた。先の浄瑠璃は『双蝶蝶』が寛延二年（一七四九）、『千両幟』が明和五年（一七六八）初演だから、大坂の方が古かったようだ。いずれにしても東西とも年二場所で、一月を春場所、五月を夏場所と呼んでどちらも晴天十日の興行だった。これは明治初期まで踏襲されていたから、文字どおり「一年を二十日で暮らすよい男」だったわけだ。だから、もちろん勝負を争う格闘技ではあるが、まだ神事的な意味や見世物的要素も濃い。体長が二メートルに近いとか、体重が百キロ以上あるというのを見せるだけの力士もあったようだ。明治になって両国に国技館が建てられ、大正になって東京相撲と大阪相撲が合併して一本化されてからも、年二場所は戦前まで守られていた。

昭和初年の大阪では、相撲協会への不満から脱退した天竜、大の里ら出羽の海一門の力士たちが関西相撲協会を作って小屋掛けで興行し、私も父に連れられて見に行った。力士の数が少ないので、取組はトーナメント式、間には初切《しょっきり》などもあって結構楽しかった。天竜（戦後はNHKの相撲中継の解説者になった）、大の里の二人は散切《ざんぎり》頭だったのを覚えている。しかし、数年で協会に復帰した。

この時代は双葉山、玉錦、武蔵山、男女川の四横綱時代で、松岡アナの名ラジオ中継なども人気があり、全国的に相撲人気が高まっていたためか、大阪でも京阪沿線の関目《せきめ》にドーム屋根の国技館が出来た。以前の大阪国技館は霞町《かすみちょう》（新世界の近く）にあったが、当時はその跡地が市電の車庫になっていた。昭和十三、四年ごろだと思うが、開場記念の大阪準《じゅん》場所が開かれ私も見物した。ちょうど双葉山が横綱になった時で、もちろん土俵入りも初めて見た。ところが、その日の取組で双葉山が負けたのである。相手は確か和歌嶋だったが、座蒲団が飛ぶやら大変な騒ぎだった。その後も二、三番負けたと思うが、准場所だから記録にはならず、以後も本場所では勝ち続け六十九連勝を達成した。

正月行事

正月の初甲子《きのえね》には大黒神も祀《まつ》る。こちらも床の間に画幅を掛け、洗米、神酒のほか、三宝に二股大根、人蔘《にんじん》、蓮根《れんこん》、銀杏《ぎんなん》、南瓜《なんきん》、寒天《かんてん》、饂飩《うどん》(うどん)を乗せて供える。これは「運尽《うんづ》くし」といって、ん(運)が二つ付く品を集めて開運を願う心である。ただ、これはわが家の風習で、全ての家で行われたのではないようだ。

十五日(小正月)の朝は小豆粥《あずきがゆ》を食べる。これには焼いた餅が入っている。この日、正月に使った注連や門松などを氏神に持参して燃やしてもらう。これが「どんど焼き」で、今も各地で行われる。昭和三十年ごろまで、京都の西京極辺りはまだ田圃《たんぼ》が多く、あちこちの田に高さ十メートル以上もある円錐状に巻いた注連縄(芯に竹が入っている)を立てて、競うように燃やすのが壮観だった。現在は宅地化が進んだから行われていないと思う。

二十日は〝骨正月〟、大阪では祝い肴《ざかな》に食べた塩鰤《ぶり》の骨を味噌汁にする風習があるが、私の家ではやらなかった。

寒《かん》の入り(小寒で六日ごろ)には「から汁」(白味噌汁におから＝卯の花を入れたもの)を食べるが、これは風邪をひかぬ呪《まじな》いである。このほかに、十八日の初観音、二十一日の初弘法、二十五日の初天神がある。なかでも京都の東寺（初弘法）、北野天満宮や大阪の天満宮（初天神）が有名で、多くの露店が並び、参詣客で賑わう。

ここから二月（如月）。一月の行事は先述のように、ほとんど新暦で行われるからわかりやすかったが、二月からは旧暦によるものが多くなるのでややこしい。「十二月」の二月は、〝耐えかねつついく如月の〟で始まる。

節　分

まず節分だが、これは立春の前夜だから「十二月」の歌詞では、十二月に入っている。しかし現在はどこも二月の始めで、古歌にも「年の内に春は来にけり」というように、正月（旧暦）を迎えてからも多くあったと思われるので、二月で触れることにする。

近ごろはスーパーで売っている、○○神社や××寺などの名前を冠した袋入りの煎り豆を使う家が多いが、「福は内、鬼は外」と囃しながら座敷や庭に豆を撒く風習は全国共通だろう。ただ、戦前はもちろん、戦後も昭和三十年代ごろまでは家で豆を煎った。私の家では、朝から一升（一・八リットル）の大豆を焙烙《ほうろく》で煎り、一升枡に入れて神棚に供え、夕食後に家中のすべての部屋で豆撒きをした。夕食には赤鰯《いわし》を焼いて食べる。これは、糠《ぬか》をまぶして塩漬けにしたもので真っ赤な色。『仮名手本忠臣蔵』七段目「一力茶屋」で、九太夫と伴内が抜く「錆びたりな赤鰯」そっくりで、凄く辛かった。厄除けの呪いだという。この頭を柊《ひいらぎ》の枝に刺して入口に立てると鬼が逃げるといわれるが、わが家ではやらなかった。残りの豆から、家族全員がめいめいの年の数だけの豆を数えて、一文銭（古銭）と共に半紙に包んだあと、翌朝氏神へ納めに行った。残りの豆は各人がそれぞれの年齢より一つ多く食べる。

現代では神社や寺でも豆撒きが行われ、芸能人やスポーツ選手が参加する千葉の成田山が有名である。鬼に扮して逃げ回る追儺《ついな》式を行うところも多い。

江戸時代には「厄払い」といって家々を回り、何がしかの金を貰う者もいた。私が聞いているのは、「御厄払いましょう、厄払い」と門付けして、頼まれると「鶴は千年、亀万年、東方《とうぼう》朔《さく》は三千歳《さんぜんざい》、三浦大介《みうらのおおすけ》百六つ、……西の海へサラリサラリ」と唱えたという。歌舞伎の『三人《さんにん》吉三廓初買《きちさくるわのはつがい》』の「大川端」で、お嬢吉三が厄払いの声を聞いて「ホンニ、今夜は節分か、西の海より川の中……」の台詞でもわかる。

お水取り

さて「十二月」の〝水も薪の能〟は二つの行事を意味している。まず「水」は奈良東大寺のお水取り。修二会《しゅにえ》の行事なので旧暦の二月に行われる。現在は一月遅れの三月一日から十五日

（満行）までの中で、十二日の深夜、二月堂で行われるのが御松明《おたいまつ》の行法、すなわち「お水取り」である。大勢の呪師《しゅし》や錬行衆《れんぎょうしゅう》が大松明を振り立てて堂の周りを走り回る有様は壮観で、深夜の行事にもかかわらず観光客が多い。境内の閼伽井《あかい》（若狭井）の聖水（香水《こうずい》）を供えるところから「お水取り」と俗称する。この井戸は若狭海に繋がっていると信じられていた。関東では春一番が吹くと春が来るとされるが、上方ではお水取りがすまぬと春が来ないといい、春一番のことを比良《ひら》の八荒《はっこう》と呼ぶ。これも最近はいわなくなった。

薪能《たきぎのう》

「薪能」はいま全国各地で流行しているが、その大本は、これも修二会の行事で、こちらは興福寺で行われた。南大門の芝の上で大和四座の太夫が勤めるもので、古く室町時代に始まるというが、幕末のころに衰微していたのを戦後復活して、現在は五月に二日間舞われる。薪能にはもう一つある。やはり奈良の春日若宮で十二月十五日から十八日に行われる御祭《おんまつり》の行事の一つで、鳥居横の芝の上で篝火《かがりび》の下で舞う。こちらは古来絶えることなく続いていて、広く知られている。能舞台の鏡板の松は、ここにある影向《ようごう》の松を描いたものだといわれる。御祭では他に東遊《あずまあそび》、田楽《でんがく》、舞楽なども奉納され、単に薪能といえばこちらを指す場合が多い。

さて、ここでも「十二月」の〝洩れて流るる水も薪の能恥ずかしや〟には裏の意味が隠されている。

初《はつ》 午《うま》

「十二月」の〝摩耶の祭り〟は、神戸の摩耶山の頂上にある忉利天上寺《とうりてんじょうじ》(摩耶寺)の初午祭で、往時は大坂からも大勢参詣したというが、現在は知らぬ人の方が多かろう。普通に初午といえば、文字どおり二月最初の午《うま》の日で、和銅四年(七一一)京都の伏見稲荷大社が創建された日だという。稲荷については諸説あるが、その文字から、古来稲作や商売の神として信心されたから、上方の商家では、庭内に一メートル四方ほどの小祠《しょうし》を作って祀り、この日に稲荷祭をする家が多かった。勧請するのは本社の神でなく、いわゆる千本鳥居で有名な奥山の参道の左右にある末社の神で、私の家は「末広大明神」という一番奥に近い社だった。

昭和初期には船場でも初午を行う家が少なくなっていたが、わが家は商売を止めていたのに昔からの習慣で続けていた。とくに子供中心の行事になっていたので「年間最大の楽しみ」として、クラスのほぼ全員が集まって家の中を走り回って遊んだ。土蔵の横の細い庭にある祠への小路の両側に棚を組んで、めいめいの供え物(駄菓子など)を並べ、紅と黄色の木綿に末広大明神と墨書《ぼくしょ》した、巾十五センチ、長さ六十センチほどの小さな幟《のぼり》を十本ほど立てる。祠には直径二十センチぐらいの紅白二重の鏡餅と、生御膳《なまごぜん》(大根、人参、寒天を五センチほどに切ったものに油揚を巻いて紅白の水引で括ったもの。いわれは知らない)を三宝に乗せ、洗米や神酒とともに供える。表の店の間には直径五十センチほどの鋲《びょう》打太鼓を台に乗せ、二本の撥《ばち》でドンドコ、ドンドコ、ドコドコドンと打つリズムに合わせて、つぎのような唄を囃すのである。

牡丹に唐獅子、竹に虎、虎追って走るは和藤内、わとないお方に智恵貸そか、
智恵の中山誓願寺《せいがんじ》(歌の中山清閑寺のもじり)、誓願寺の和尚さん坊さんで、
坊さん嫁さんおたやん(お多福)で、おたやん転《こ》けても鼻打たん
(または、坊さん蛸食うて反吐《へど》ついた、その手でお釈迦の顔撫でて、
お釈迦の顔撫でて、お釈迦も呆れて飛んで出た)
エーヤ、ホーヤ、エヤサッサ

この唄については、米朝君が『上方落語ノート』に詳しく説明していて、ほかにもいろいろ紹介している。いろんな古老から教わったという話だが、私の場合はこのように家に伝わっていた。そのほか、明治十一年(一八七八)生まれの祖母に教えてもらったものがある。その中には米朝君のノートにないものもあるので、一、二紹介しておこう。

手毬唄

一《ひ》ィ二《ふ》ゥ三《み》ィ四《よ》ゥ、四方《よも》の景色を、春と眺《なが》めて、梅に鶯ホホラホケキョと囀《さえず》る、
梅と鉄漿《かね》とは、匂いはんがん（意味不詳）、あすは北野の、二軒茶屋で囃子テンテン手毬唄

尻取唄

一ィ二ゥ三ィ四ゥ鎧《よろい》の人形は顔赤い、赤鱝《あかえ》の吸物蛸の足、お銭《あし》難波《なんば》（何ぼ）の南禅寺（？）、
何故《なぜ》にそないに押しゃんする、おしゃんす（箪笥《たんす》）長持《ながもち》、挟箱《はさみばこ》、文箱《ふばこ》に重箱奉る、
たてまつ（立松）提灯賑《にぎ》やかな、賑やか陀羅《だら》助癪《すけしゃく》によし、吉野のお山は皆天狗（鼻＝花が高い）、
天狗獲《と》ろとろ、ひっ捕《とら》や、虎屋の羊羹《ようかん》豆杓子、杓子の穴から天覗《のぞ》く、
のぞくり（桃栗）三年、柿八年、柚《ゆう》は九年で花盛り

唄の話のついでにもう一つ。私の家は、わが家ながら変わった家で、童謡など唄ってもらった記憶がない。幼児のころに聞いたのは「こちゃえ節」。もちろん「お前待ち待ち蚊帳の外……」などという色っぽい文句ではないが、例えば、

お前は浜の地蔵尊、汐風に吹かれてお顔が真っ黒ケ、コチャかまやせぬコチャエ〳〵

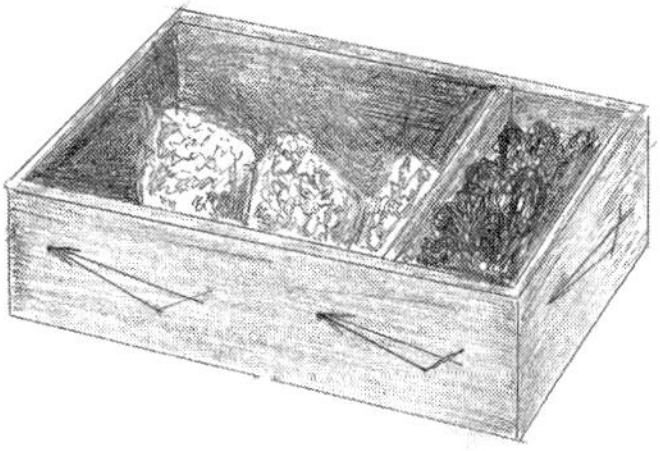

初午の稲荷鮨と芥子菜を入れた
火打箱型の弁当．艶消しの黒漆
塗りだった．（著者画）

などと、守《も》りの女子衆《おなごし》が唄うのである。子守唄も「天満の子守唄」のメロディなのだが、文句が異なる。私が聞いていたのは、

ネンネころいち、お眠《やす》みなされ、
　起きて泣く子は面《つら》憎い

とか、

ネンネころいち、お寺の椽《えん》で、猫が衣着て鉦《かね》叩く

まことに不思議な文句だが、ひょっとすると高名な芸妓が出家したときに唄われたのだろうか。

話を初午に戻そう。夕方四時ごろになると、火打箱型の弁当箱に稲荷鮨と芥子菜《からしな》の浸《ひた》しを入れたのが全員に配られる。この稲荷鮨も東京とは違い、甘く煮た油揚を三角型に切った中に、苧《お》の実や刻んだ午蒡《ごぼう》が混じった甘酢の飯が詰めてある。それを食べたあとが、お目当ての富籤《とみくじ》。一等の一円札を別にすると、すべて子供向けの賞品で、当時人気のあった現像から焼付まで出来るカメラセットや、玩具、文房具、キャラメル、チョコレートなどで空籤なし。あらかじめ

配ってある籤（五、六センチ角の天紅の紙に番号を書いて巻き糊付けしたもの）と、笹の枝につけた品物の番号が合えば当たりである。良い品が当たると、子供たちは大騒ぎだった。日が暮れると太鼓を車に載せて街へ繰り出し、「お稲荷さんのお祭りじゃ、蠟燭《ろうそく》一本せんぎょ、せんぎょ（施行、施行）」と囃しながら、まだ開いている店を回る。すると子供たちへ蠟燭や菓子などをくれる。父の子供のころ（明治末期）は、他家の車と出会うと喧嘩したものだそうだ。

涅《ね》槃《はん》会《え》

〝涅槃〟は涅槃会のことで、本来は旧暦二月十五日を釈迦入滅の日として各寺で行われ、遺《ゆい》教経《きょうぎょう》を誦するもので常楽会《じょうらくえ》ともいうが、在家ではとくに行事はない。これも現在は三月に行われている。

彼岸

〝彼岸〟はいうまでもなく春の彼岸だが、これも旧暦では二月だった。春分の日を中央に挟む七日間をいい、初日を彼岸の入り、春分を中日、最後の日を彼岸の明けという。中日の日没が真西になるため、西方浄土を願う心が民俗と合って、平安時代から行事が行われるようになった。仏教国でもわが国だけの行事である。この日は各家とも墓参をしたり、団子を供えるなど、現在でも各地で行われている。浄瑠璃の『摂州合邦辻《せっしゅうがっぽうがつじ》』「万代池《まんだいいけ》の段」は、この日の大坂四天王寺が舞台になっている。元は謡曲『弱法師《よろぼし》』である。

聖霊会《しょうりょうえ》

〝精霊《しょうらい》〟はやはり四天王寺の聖霊会(聖徳太子忌)のことで、大阪では「おしょらいさん」と呼んで親しまれている。有名な舞楽も舞われるので参詣者が多い。ここの舞楽は古く、宮内庁楽部とは異なる点が少なくない。かつては旧暦二月二十二日だったが、現在は四月(日は年により変わる)に行われる。

雛祭り

つぎは三月、やっと「京の四季」の出番となり、旧暦の春も終わる。「十二月」の〝アゝよい弥生と指で悪じゃれ、憎とふっつり桃の節句〟は男女の炬燵の中の痴話を描いている。まずは三日の桃の節句(上巳《じょうし》)の雛祭り。これも以前は一月遅れの四月に行う家が多かったというのも、三月だと肝心の桃の花が開いていない。しかし、近年はハウス栽培で三月に咲くようになり、スーパーでも売っているから、三月の雛祭りが上方でも一般化してきた。

雛人形は、上方でもかなり古くから御殿飾りと段飾りがあったのは芝居を見てもわかるが、どちらにしても向かって右が男雛、左が女雛で、東京とは逆になる。これは古来、御所で南面しての左を上席とした(左大臣が右大臣より上位)のに倣ったもので、昔は江戸も同じだったが、明治以降に西欧の風習に従って東京では逆転したようだ。白酒、菱餅、あられなどの供え物、またバラ寿司に姫蛤の吸物という御馳走は東西変わらない。

汐干狩

〝汐干〟は汐干狩のこと。大阪湾の北から南にかけては、昭和三十年ごろから始まった泉北工業団地の埋立てまで、大阪港周辺以外は白砂青松の海岸で、汐干狩が楽しめ、夏は海水浴場が賑わった。北岸の阪神間にも甲子園、甲櫨園《こうろえん》、芦屋など海水浴場はあったが、遠浅でも二、三十メートルも行くと急に深くなり海流も早かった。それに比べて東海岸は、住吉から堺大浜、浜寺、高師浜《たかしのはま》、助松あたりまで、遠いところは百メートル近い沖まで歩いて行け、流れも緩くて絶好の汐干狩や海水浴の場だった。昭和初期の大浜には水族館や汐湯(現在のアミューズメント・パーク)が、また浜寺には脱衣場(海の家)や森永や明治の仮設ティールームもあって関西一の大海水浴場だった。〝足で貝踏みや〟は炬燵の中で男女が戯れる様子。「貝」は古来、女陰に譬《たと》えられ、とくに赤貝、蛤などを指す。

花見

さて弥生といえば花見、花の名所は何といっても京都に多い。まずは「京の四季」にある〝東山〟、その中心が祇園さん（八坂神社）のある円山公園、さらにそのメインが昔からある大きな枝垂れ桜。私の子供のころは、まだ先代の古木が美しい花を付けていた。とくに〝夜桜〟が観物で、多くの篝火《かがりび》に照らされて闇に浮かび上がる美しさは無類である。現在はライトアップが盛んで電気照明も使っているが、やはり自然の火の風情には及ばないと思う。

四条通の突き当たりの石段の上に立派な朱塗りの楼門があり、「八坂神社」と彫った大きな立石が立っているので、あれが正門だと勘違いしている人も多い。だが、祇園さんの正門は南側で、大きい石の鳥居がある。下河原から清水へ抜ける道である。かつては、その参道に二軒の茶店が向かい合ってあり〝二軒茶屋〟と呼ばれて〝祇園豆腐〟を名物にしていた。祇園豆腐というのは、豆腐を短冊型に切り、二本の串を刺して味噌を塗り焼いた田楽。赤前垂れの若い女性が店先に並んで、トントンと調子よく包丁で豆腐を切る鮮やかな手捌きを売り物にしていた。もちろん〝二本差し〟は祇園豆腐の二本の串と、武士の大小を掛けた意味である。しかし、明治初年に西側の店がなくなって、東側に残ったのが「中村楼」で、いまも祇園豆腐を名物にしている。下河原から南へ高台寺、霊山観音あたりにも桜はあるが、さらに南へ行くと清水寺、ここは「地主《じしゅ》の桜」で古くから桜の名所で、謡曲の『田村《たむら》』や『熊野《ゆや》』にも扱われている。

西山の方にも桜の名所は多い。まずよく知られているのが嵐山。大堰《おおい》川（桂川）にかかる渡月橋周辺に、とくに桜が多い。また嵯峨法輪寺の「十三詣り《じゅうさんまいり》」も旧暦三月十三日（現在は四月十三日）。十三歳になった少年少女がこの日に詣ると、本尊の虚空蔵菩薩《こくぞうぼさつ》から智恵を授かるというので、関西一円からの参詣が多い。また帰途に、下の門の前の石橋を渡るまでに振り返ると、せっかく頂いた智恵を失ってしまうという俗信もある。この行事は虚空蔵を祀る大阪などの寺でも行っている。嵐山も清水も、以前は桜のころが賑わいの中心だったが、近年は外国からの観光客で年中ごった返している。嵐山以外にも光悦寺のある鷹《たか》ヶ峯や、謡曲『小塩《おじお》』の舞台である大原野や桂離宮の桜も知られている。また御室《おむろ》の仁和寺《にんなじ》の桜は御室桜という特殊な木で、山桜や染井吉野などより開花が半月ほど遅く、樹の高さが三、四メートルほどしかない。

もちろん大阪にも花の名所は多い。有名なのが桜の宮で、浄瑠璃の『二月堂良弁杉由来《にがつどうろうべんすぎのゆらい》』にも登場する。古来、花見で賑わったが、明治期に造幣局が出来て、局内に多品種の桜が植えられ、花の季節に限り一般公開されるのを「通り抜け」と呼んで、大阪の春の風物詩となった。一般の花見より少し遅く四月下旬に行われる。近年は大阪城公園の桜も有名になったが、これは戦後に植樹したものが多く、古くは西区の土佐稲荷《とさのいなり》の夜桜が有名だった。

桜の散るころには疫病が流行することが多かったので、各社寺では「鎮花祭《ちんかさい》」が行われる。花しずめの祭りともいわれるが、なかでも京都紫野の今宮神社の「やすらい祭」が有名である。

古風な装束を付けた練り衆が囃子に合わせ「やすらい花や」と囃して踊る。現在は四月の第二日曜に行われている。

〝高野御影供〟は弘法大師（空海）の忌日の法要で、旧暦三月二十一日（現在は四月）に行われる。〝衆道《しゅどう》〟（男色）は空海から始まったという俗説によるが、御影供は京都の東寺など真言宗の各寺院でも営まれている。

夏

上方唄「十二月」

さて水揚げの卯月(疼《うず》き)々々も、後にゃひろびろ、釈迦もご誕生、
息も当麻《たえま》の床《とこ》の練供養《ねりくよう》、突くや夜明の鐘の響きは権現祭《ごんげんまつり》、
濡れてしっぽり五月雨月《さみだれづき》には、道鏡《どうきょう》まさりの旗棹立てて、
兜芋茎《かぶとずいき》を巻くや粽《ちまき》の、節句御田《おんだ》の紋日木桂枝《きけいし》(喜契紙)長命ぐすり、
行くをやらじと留めて耐《こた》えりゃ、つい林鐘《りんしょう》に愛染《あいぜん》の、涼み祇園の鉾々饅頭《ほこほこまんじゅう》、
子供時分のよい夏神楽《なつかぐら》、過ぎた印かいかい提灯《ちょうちん》、
地黄玉子《じおうたまご》で精をつけては、皆お祓《はら》いや

端唄「京の四季」

禊《みそぎ》ぞ夏は打連れて、河原《かわら》に集《つど》う夕涼みヨイヨイ　ヨイヨイ　ヨイヤサ

水揚げ

〝水揚げ〟という言葉も、もう死語になりつつあるようだ。昭和三十二年(一九五七)に売春防止法が施行されるまでは、わが国には公娼制度があって、その場所を遊廓《ゆうかく》と称した。娼妓《しょうぎ》と呼ばれる女性は、地方の農家などから親の借銭のために来る者が多く、仲介する専門の男を女衒《ぜげん》と呼んだ。『仮名手本忠臣蔵』六段目で勘平の家へやってくる女衒の源六がその例である。遊廓の女性たちが初めて客に接することを〝水揚げ〟と呼んだ。といっても、いきなり一般の客を取らせることは少なく、物馴れた年配の常連客などに頼むことが多く、なかには店の主人が水揚げすることもあったと聞いている。明治以降は警察の監督の下で鑑札が与えられ、性病予防のための定期検診も行われた。

花街《いろまち》と芸妓

これに対して、一芸を有して酒席に侍り客を接待する芸者(芸妓)の居る場所を花街と呼んだ。近世の半ばごろまでは、前にも述べたように江戸の吉原、京の島原、大坂の新町の三ヵ所が、幕府公認の遊廓として格式が高く、一流の大店では客は大名や紀伊国屋文左衛門、奈良屋茂左衛門といった豪商に限られていた。だが時とともに衰微して、明治維新後は、東京の赤坂、新橋、京都の祇園、先斗町、大阪でも北新地や南地の方が格が高くなった。

芸者の場合は、一人前の芸が出来ないとお座敷へは出られないから、それぞれの花街の決まった師匠について踊りや音曲の稽古をする。もちろんその費用は芸妓を抱えている置屋や茶屋の負担になる。そこで仕込み中の子供(女)は、お酌と呼ばれて酒席には出るが、芸が出来ないから花代(玉《ぎょく》代ともいう。これも意味深)は半分しか貰えない。お酌のことを半玉《はんぎょく》というのは玉代が半分という意味である。半玉から芸妓になることを、俗に「一本になる」というのも、古くは座敷を勤める時間を、線香一本が燃え尽きる時間で計ったからだという。それで花代のことを「線香代」と呼ぶこともある。お座敷を勤めている芸妓に、馴染み客から声がかかって、そちらへ行く時には「貰い」といって花代が二倍になる。先の客がそれを断って居続けさせると、また倍になる。だから売れっ子の芸妓だと、花代が五倍にも六倍にもなる。もちろん花代の何割かは抱えの主人の懐に入るから、大儲けというわけだ。

盛装の芸妓と舞子．都をどりのお茶席にて．(昭和 30 年ごろ，著者蔵)

仕込みから一本になるには莫大な費用がか

かる。衣裳の新調、お披露目の費用、それまでに要した師匠たちへの謝金など……。こうした経費を賄《まかな》うために、抱え主は大店の主人など裕福な客を探してスポンサーになってもらう。これを「旦那を取る」といい、当然、昔は水揚げを伴った。茶屋の子女などの中には、自前で一本になる者もあった。旦那を持った者は、酒席には出ても色を売ることはなく、やがて落籍されて囲われたり、なかには正妻になる者もあった。ただ、簡単に転ぶ女もいて、不見転《みずてん》とか枕芸者などと呼ばれて蔑視《べっし》された。世俗に芸妓のことを「猫《ねこ》」と呼ぶのは、猫の皮を張った三味線を持ち歩くからだといわれているが、私は芸子、舞子、寝子から出ていると思っている。

京都の祇園や先斗町などの舞子は、ダラリの帯の衣裳も特徴的だが、花代も芸妓と変わらないので「一本になる」とはいわず「襟替《えりか》え」と呼ぶ。これは、舞子の間は赤い刺繍《ししゅう》をした襟だが、芸妓になると白無地が正装になるためだと思う。襟替えの前には舞子の髷を先笄《さっこう》に変えるとか、いろいろ決まった仕来りがあって大変である。また祇園では立方《たちかた》と地方《じかた》の区別が厳しく、地方は初めから芸妓で出る。鳴物は舞子の役である。そういえば、もう六十年以上も前になるが、かつて米朝君と祇園で遊んだ時、明治生まれの馴染みの老妓から、十三歳(数え年)で襟替えをしたという話を聞いたことがあった。

現在はもちろん、抱え主が自前で賄っているが、舞子から芸妓になるとトタンに売り上げが落ちるので、襟替えをすると暫くして辞めてしまう者も少なくないようだ。〝水揚げ〟からとんだところに話が外れてしまったが、本題に戻そう。

花祭り

「十二月」の〝釈迦もご誕生〟は、釈迦が生まれたという四月八日の花祭りのことで、正しくは灌仏会《かんぶつえ》、降誕会《ごうたんえ》、仏生会《ぶっしょうえ》などと呼ぶ。花で飾った小さな花御堂《はなみどう》を作り、その中に水盤を置き誕生仏を祀って、小さな柄杓《ひしゃく》で像に甘茶（実際は香水《こうずい》）を注ぎ祈るのが一般的である。誕生仏とは、釈迦が生まれた時すぐに立って七歩進み、右手で天を左手で地を指して「天上天下唯我独尊《てんじょうてんげゆいがどくそん》」と唱えた姿を写したといわれ、比較的小さな像が多い。それにしても、釈迦は摩耶夫人《まやぶにん》の右腋《わき》から生まれたというから「十二月」の〝後にゃひろびろ〟は関係ないと思うのだが……。

花祭りは以前は一般の幼稚園などでも行われて、ニュースで扱われたりしたが、最近は見かけなくなった。この行事は新暦になっても四月に行われている。

〝当麻〟の〝練供養〟は、中将姫《ちゅうじょうひめ》伝説で有名な、奈良県当麻寺の来迎会《らいごうえ》。練供養は、衆生を極楽に導くために来迎する二十五菩薩に仮装して橋の上を練り歩く法要で、東京の九品仏《くほんぶつ》などでも行われる。この当麻寺のものが最も有名で、中将姫の忌日とされる四月十四日に執行され、全国からの観光客も多い。

〝権現祭〟の権現は東照大権現（徳川家康）で、幕藩時代には大坂にも東照宮があった。天満橋

魚島どきの桜鯛を届ける御寮人さんと丁稚.（長谷川小信筆.『上方』77号,『日本の食生活全集27 聞き書 大阪の食事』農文協より）

の北詰付近に位置し、広大な敷地で普段は一般の立ち入りが禁止されていたが、家康の忌日の四月十七日だけ参詣が許された。俗に「川崎の権現さん」と呼ばれて、結構賑わったようだ。また庶民の間では、この祭りを夏の訪れとして、帷子《かたびら》に衣替えをしたという。

しかし、明治維新を迎えると、もともと豊太閤《ほうたいこう》（豊臣秀吉）びいきの大阪では権威がなくなり、早々に取り壊されたから、私などの世代は全く知らない。

魚《うお》島《じま》

さて、この季節になると瀬戸内海に鯛《たい》が多く回遊して豊漁になり、桜鯛と呼んで味も一段と美味しくなる。鞆《とも》の浦（広島県福山市）の伝統漁である鯛網もこの季節である。この時期を魚島と呼んで、上方では親戚や知人に互いに鯛を贈答し合う風習があった。そのために各家には肴箱や肴籠（長さ五、六十センチ、幅三、四十センチ、深さ十センチぐらいで、いわゆる「目の下一尺」の鯛が入る)を用意している。箱や籠といっても、春慶塗《しゅんけいぬり》や黒竹を細かく編んだ高級品で、場合によっては、鯛だけでなく伊勢海老や鮑《あわび》などを添える。この風習は大阪ばかりでなく京都にもあったのか、『桂川連理柵《かつらがわれんりのしがらみ》』(お半、長右衛門)の「六角堂」で、丁稚の長吉が持っているのが肴箱だ。ただ戦後はほとんど行われていないようで、魚島という語も余り聞くことがなくなった。

都をどり(花街のをどり)

四月の京都で落とせないのが「都をどり」である。四条通から祇園の花街にかけて、店々の軒に「つなぎ団子」の紅提灯が提げられ、街全体が浮き立つような気分に包まれるが、そもそもは博覧会の余興として始まった。維新による東京遷都で、灯が消えたように淋しくなった京の街を元気づけようと、知事以下官民一致して考え出されたのが、明治四年(一八七一)の京都博覧会である。その付《つけ》博覧会(余興)に、京都らしく祇園芸妓の踊りを見せることになり、振付師として白羽の矢が立ったのが三世井上八千代(片山春子)だった。当時の祇園には古くからの篠塚《しのづか》流など他流の師匠も多かったなかで、八千代が選ばれたのは、よほどその才を認められていたからだろう。これに対し八千代は、振付を引き受ける条件として「こののち祇園には、井上流以外の舞を入れない」ことを提示。万亭(一力)主人の杉浦治郎右衛門の確約を得た。この約束は現在まで固く守り続けられている。「都をどり」の名称も八千代が考えた。

かくして明治五年三月十三日、新花見小路新橋東入ル「松の家席」(貸席)を会場に「都をどり」が開幕、五月まで八十日間催されたが、画期的だったのは、従来の日本舞踊には見られなかった集団舞踊(群舞)の創始である。これは伊勢古市《ふるいち》の「亀の子踊り」(伊勢音頭)にヒントを得たといわれる。幕開きの置唄《おきうた》に続いて「都をどりは、ヨーイヤサー」の掛け声とともに、揃いの衣裳に柳桜の枝団扇《えだうちわ》を持った大勢の踊り子が花道から登場、最後はチラシの音楽で再び花道を退場する。この形式は、毎年歌詞は変わっても、ほとんどそのまま現在まで踏襲されている。また、踊り子を数組に分けて日替わりで出演させ、一日に数回の公演が行われる形も、この時から始まった。

「都をどり」は大成功で、翌年も博覧会とは関係なく催されることになったが、「松の家席」は狭すぎたので、建仁寺の塔頭《たっちゅう》を改築して歌舞練場《かぶれんじょう》が花見小路西側に造られ、そののち現在の東側の場所に移った。踊りの内容も、はじめは総踊りばかりだったのが、第四十六回の大正四年(一九一五)に大正天皇御大典記念として別踊(中挟《なかばさ》み)が始まり、以後この形式が引き継がれている。

「都をどり」の成功は他の花街にも刺戟を与えた。先斗町ではいち早く篠塚流による「鴨川をどり」が行われていたが、昭和二年(一九二七)に洋式建築の歌舞練場が新築されると、踊りの師匠に東京から若柳流を迎え、「都をどり」とは一味違う近代的な感覚が加わった。大阪でも明治十五年(一八八二)に北の「浪花踊」、堀江の「此花踊《このはな》」が続き、それぞれに演舞場を建てて競演した。東京でも大正十四年(一九二五)に新橋の「東をどり《あずま》」が開幕した。それぞれの特色を生かして趣向を凝らし妍《けん》を競った花街舞踊も、昭和十年代半ばになると、戦争の激化とともに全て自粛休演に追い込まれた。

終戦を迎え、戦火を免れた京都では、間もなく「都」「鴨川」両をどりが復活し、新たに上《かみ》七軒《ひちけん》の「北野をどり」、宮川町の「京をどり」なども生まれた。これらは、現在でも賑やかに京の春を彩っている。

一方、戦災で四花街全てが消失した大阪は、昭和二十五年(一九五〇)になって四花街合同の「大阪おどり」が道頓堀の劇場を借りて行われた。その後、一時は花街復活の気配が感じられ、踊りも数回行われたものの、財界の急激な地盤沈下と社交界の様変わりにより、いまや花街そのものが壊滅状態になっている。

旧暦の五月は梅雨(〝五月雨〟)時で連日しとしとと長雨が降り続く。霖雨《りんう》などと呼んで、うっとうしいながらも風情があったが、近年は気候変動によるゲリラ豪雨が発生し、大きな被害をもたらすのは困ったものだ。

端午《たんご》の節句

端午の〝節句〟は五節句の一つで五月五日、五は午に通じる。古来、邪気を払うため菖蒲《しょうぶ》や蓬《よもぎ》を軒に挿したが、菖蒲が尚武に音が通じるところから、近世以降は男の節句となった。これも以前は月遅れで催す家が多かったが、このごろは雛祭り同様、新暦で行う家が多くなっている。床の間に具足を飾り、〝粽〟や柏餅を供え、庭に鯉幟《こいのぼり》を立てて祝うのは東西共通である。そのほか、男子の初節句のお祝いに貰った金時、鍾馗《しょうき》や鞍飾りをつけた白馬の人形なども飾られる。ただ最近はマンション住居が増え、部屋に兜だけ飾ったり、ベランダに鯉幟を立てる家が多くなった。また無病息災を願って菖蒲湯に入る風習も広く行われ、スーパーなどでも菖蒲を売っているが、戦前は菖蒲の束も大きく蓬をつけるのが普通で、古式に随って前夜から軒先に置き、夜露に当てたものを使った。『女殺油地獄《おんなごろしあぶらのじごく》』の「豊島屋の段」の冒頭に「葺きなれし年もひさし(庇)の、蓬菖蒲は家ごとに、幟の音のざわめくは、男子児持の印かや」とあるように、古くからの習慣だが、このごろのように蓬もなく菖蒲の束も小さいと、入浴しても香りがなく、何となく有難味が薄い。

「十二月」にある〝道鏡まさりの……〟の道鏡は弓削道鏡《ゆげのどうきょう》のこと。奈良時代の僧だが、称徳天皇(女帝)に信頼され太政大臣禅師、法王となり皇位に即こうと企てたが、和気清麻呂《わけのきよまろ》らに阻止され下野国（栃木県）へ流罪になった実在の人物である。江戸時代には帝の寵《ちょう》を受けたのはその巨根のためだったという俗説が流布していた。〃兜芋茎〃とは肥後芋茎《ひごずいき》のことで江戸時代の性具であった。そのあとの〃長命ぐすり〃も、よく芝居の台詞などにも登場する四ツ目屋の長命丸で、こちらは飲み薬。

御田《おんだ》

〃御田〃とは、本来は伊勢神宮の神田《しんでん》で行われる御田植行事のことをいうが、一般の神社の田植にも使われるようになった。呼称は各地で異なり、田遊《たあそび》、御田打《おたうち》、田神祭《たがみまつり》などいろいろである。

能『加茂《かも》』の替間《かえあい》にも「御田」がある。「十二月」では大阪住吉大社の神事を指している。旧暦五月二十八日だったが、現在は六月十四日に行われる。古来多くの儀式があって、まず本殿で植女《うえめ》（以前は新町廓の奉仕だったが、今はどうなっているか）、稚児各十二人に神官から稲苗が授けられ、風流武者、花笠八乙女《やおとめ》、伶人《れいじん》らと行列をつくって神域にある神田まで行き、一般から選ばれた替植女《かえうえめ》に稲苗を渡す。替植女は浅黄地に松と鷺を染め出した揃いの衣裳に赤襷《だすき》、白脚絆《きゃはん》、菅笠《すげがさ》を冠り、昔ながらの田植歌を歌いながら田植をする。この間に本社の神苑では住吉踊が行われる。これは五人一組で、いずれも白衣に墨の腰衣、素足に草鞋、縁に幕を垂らした菅笠を冠り、音頭取りが御幣を立てた朱色の長柄の傘と割竹を持ち、それを中心に四人が手に団扇を持って踊るもので、かつては神宮寺の僧が勤めた。この様子は舞踊『喜撰《きせん》』にも取り入れられている。幕末になると願人坊主が踊って諸国を回り、それが「かっぽれ」の始まりともいわれる。一方、舞楽殿では神田から戻った八乙女の田舞、風流武者の棒打などがある。残念ながら私は拝見したことがないので、間違いがあればお許し願いたい。

葵《あおい》祭《まつり》

もう一つ、五月の大きな行事は五月十五日の京都の葵祭で、古来、春日(三月十三日)、石清水(九月十五日)とともに三大勅祭とされ、また近代は祇園祭(七月十七日)、時代祭(十月二十二日)とともに京都三大祭と呼ばれている。御阿礼《みあれ》祭、北祭とも呼び、勅使の行列の人々が冠や牛車《ぎっしゃ》などを葵鬘《あおいかずら》で飾ったので葵祭と呼ばれるようになった。この祭りが古くからいかに京の人々の楽しみだったかは、『源氏物語』の「葵の巻」にある葵上と六条御息所の車争いの話からもわかるだろう。

勅使は御所の建礼門から出発、まず賀茂御祖《かもみおや》神社(下鴨)に参向して神事や東遊を行い、続いて賀茂別雷《わけいかずち》神社(上賀茂)に詣って走馬《はしりうま》(競馬《くらべうま》)などが行われるが「埒《らち》が開《あ》く」という言葉の語源として知られる。私も中学生の時に父に連れられて参列した(下鴨だけ)。後ろの方の席で行事はよく見えなかったが、荘厳《そうごん》な雰囲気だったのは記憶に残っている。戦後は勅使の参向はなくなったが、観光行事として行列だけが行われるようになった。しかし、男ばかりの行列で淋しいので、昭和三十一年（一九五六）に、鎌倉時代までは行われていたという「斎王《さいおう》」の行列を復活した。一般から選ばれた斎王代《さいおうだい》が十二単姿で輿に乗り、小袿《こうちぎ》の女官役数名が従う「女人列《にょにんれつ》」が、下鴨社内の御手洗《みたらし》川で御禊《みそぎ》などを行う。他の祭りのような派手さはないが、いかにも雅《みや》びな風情は貴重である。

〝行くをやらじと留めて耐《こた》えりゃ、つい林鐘（淋症）に〟は、昔は射精を辛抱すると淋病になると考えられていたことから。林鐘は中国の音名で、日本の黄鐘《おうしき》に相当、旧暦六月の異称である。

夏祭り

六月（新暦七月）といえば夏祭りの季節。上方では、大阪夕陽丘《ゆうひがおか》にある四天王寺別院、勝曼院《しょうまんいん》の愛染《あいぜん》祭りが六月一日（現在は六月三十日〜七月二日）なので、この日に始まることになる。これは本来仏教行事だが、維新までは神仏混淆だったからだ。本尊の愛染明王は「愛欲の神」として芸能人や花街の信仰が厚く、大阪人には愛染さんと呼ばれて親しまれてきた。この日の花街は大紋日《もんび》（祝い日）で、遊女は盛装して駕籠に乗って愛染詣りに出かけた。これは、十日戎の宝恵駕籠と同様である。

祇《ぎ》園《おん》祭《まつり》

つぎが京の祇園祭。一般には十七日の山鉾巡行か、少しくわしい人でも二十四日の後祭までと思っているようだが、実はこの祭りは、一日の吉符入《きっぷいり》に始まり、月末の夏越祓《なごしはら》いまで、まるまる一ヵ月の長い祭りなのだ。そもそもは清和天皇の貞観《じょうがん》十一年(八六九)、全国に疫病が流行した時に、厄払《やくはら》いのため六十六基(昔の国の数)の鉾を立て、神輿《みこし》を神泉苑《しんせんえん》(今も二条城の近くにあり、昔に空海がここで雨乞いの行法を行って以来、祈願の場所になっていた)に移して祈禱したのが始まりとされている。応仁の乱を経て荒廃した都の町が、信長や秀吉によって復興をとげたあと、戦乱で焼け残った町(鉾町《ほこちょう》)の人たちが、景気付けのために始めたのが祇園会《ぎおんえ》である。折から渡来した西欧の文物が珍重される時流に乗り、日本古来の美術工芸と渾然一体となった豪華絢爛な山鉾が出現したのである。現在は八坂神社の祭礼で、祭神は素戔嗚尊《すさのおのみこと》だが、明治までは、祇園の名からも知れるように、祇園精舎の守護神である牛頭天王《ごずてんのう》を祀っていた。

一ヵ月のスケジュールは決まっており、各鉾町で、平穏無事を祈る吉符入の翌日には、前祭の山鉾の籤取式《くじとり》がある。先頭の長刀鉾と後尾の船鉾は毎年同じだが、他の鉾の順序がこれで決まる。

十日が神輿洗い。八坂神社には神輿が三基あり、それぞれ六角、四角、八角と特殊な形をした屋根の上には鳳凰が飾られている。この日蔵出しされた神輿を浄《きよ》める神事で、現在は四条大橋の西詰で行われるが、かつては四条河原に降りて鴨川の水で浄めた。それで、四条から川下約百メートルを宮川と呼ぶ(宮川町の名の由来)。これは日の暮れた午後八時ごろに行われる。

また、この日から各鉾町では山鉾の鉾建てが始まるが、一切釘を使わずに細い縄で巻いて組み上げるのも伝統の技術である。鉾建てが終わると曳初め(各鉾によって日や時間は異なる)があり、コンチキチンの祇園囃子が町々に響きわたって、京の街は祭り一色に包まれる(後祭＝二十四日に巡幸する鉾の鉾立は十八日以降に行われる)。十三日は稚児社参で、長刀鉾に乗る稚児(生稚児《いきちご》と呼ばれる。他の鉾は全て人形)は昼前に烏帽子直垂《ひたたれ》の正装で八坂神社に参拝、神の使いとして正五位少将の位を授かり、祭りの重要な役を勤める。これから後は土を踏むことが許されず、屋外の移動は全て強力《ごうりき》の肩に乗って行われる。稚児は毎年洛中の子弟から選ばれ、相当な出費を要するが、晴れの役とあって希望者が多いらしい。

十六日は宵山《よいやま》。鉾町の大店では、表に定紋入りの幕を張り、店先に屏風や掛軸を飾って披露するので「屏風祭」とも呼ばれる。それぞれの鉾や山では、お守りや厄除けの粽などを授与する(宵山以外の日でも行うところもある)。夕方になると各鉾の飾り提灯が灯されて祇園囃子を演奏、午後六時以降は交通規制が行われ、内外の観光客が溢れて歩くのもままならぬ混雑となる。

さて、眼目の山鉾巡行だが、これは昭和三十一年(一九五六)から大きく様変わりした。十七日が前祭、二十四日が後祭という日程は同じだが、巡行のやり方が変更されたのだ。昔からのコースは、前祭(中京)が四条通を東に進み、寺町を北へ、三条を西に進む。後祭(下京)は松原を東へ、寺町を北へ、四条通を西に向かって、それぞれの鉾町へ戻るというもの。新しいコースでは前後の山鉾巡行を十七日にまとめて、戦時の強制疎開で拡幅整備された御池《おいけ》通を通るようになった。三条と四条の間も広い河原町を通ることで大勢の観客が見物できるようにし、さらに御池通には有料の観覧席(桟敷)を設けたのである。たしかに観光行事としては効果があったが、豪華な山鉾が狭い通りを軒すれすれに進むスリルや、家の二階の見物客に山鉾の囃子方が粽を投げ込むという親しみもなくなった。また後祭の行事が極端に減ったので淋しくなったため、近年では再び巡行を前後に分け、十七日は鉾九基に山十四基、二十四日は鉾一基(大船鉾といい近年復元されたもの)と山九基が同じコースを巡行するようになった。各鉾の祇園囃子はどれも同じように聞こえるが、実はそれぞれで少しずつ異なっており、巡行の途中でも通過点によってテンポなどが変わり、あわせて三十曲近くもあるという。

さて〝祇園のほこほこ饅頭〟は、もちろん鉾とほこほこ(温い)を掛けてあるが、いま一つ饅頭には女陰の意味もある。

前祭の山鉾巡行が終わると、日暮れから三基の神輿の神幸祭が行われる。八坂神社から四条寺町の御旅所へ行くのだが、三基はそれぞれ別のコースを通って御旅所に着き、二十四日の後祭まで安置される。この期間中、日参すれば願いが叶うが、家を出てから帰るまで口をきいてはならないというのが「無言詣《むごん》り」で、浴衣姿の舞子が殊勝そうに詣っている姿を見かけたものだが、最近はどうだろうか。

後祭の巡行が終わったあと、神輿は再び神輿洗いをして本社へ還幸するが、このときもコースは別々で、深夜の十二時ごろに本殿で御神霊《みたま》遷しの神事が行われる。

最後が月末の夏越祓い。八坂神社境内にある疫神社で行われる。鳥居に付けられた大きな茅《ち》の輪を潜ると、厄気が払われ息災になるという神事。他の神社でも行われ、奈良の橿原神宮のように新暦六月三十日に行うところもある。しかし、蘇民将来《そみんしょうらい》の故事に由来するだけに、やはり素戔嗚尊を祀る祇園が、最も相応しいように思う。

四条河原の夕涼み

そして、もう一つの京の夏の名物といえば、四条河原の夕涼み。昔はいろいろな店が並んで賑わったようだが、現在でも川原に降りて散歩する人は多く、日暮れともなると恋人とおぼしき若い人たちも見かける。しかし現在では、何といっても鴨川の納涼床だろう。五月から九月までの間、上木屋町から先斗町、下木屋町の鴨川西河岸に組み立てられる。お茶屋、旅館、飲食店などがそれぞれの店の間口に応じて作るので、六〜十畳ぐらいが多いが、なかには「鮒鶴」「いづもや」など数十畳の広いものもある。だが本当に涼を求めるなら、貴船や高雄の川床。これは渓流の上に床を組んであるから、座っている床の下を水が流れて涼しく風趣に富む。料理のメインはいずれも地元で獲れる鮎である。ただ近年は、ゲリラ豪雨などが多く、その度に流されるので大変らしい。

大阪の夏祭り

京の祇園祭が街全体で一ヵ月にわたっていろいろの行事が行われるのに対して、大阪の夏祭りは各神社の氏地ごとに、六月(新暦では七月)を通して、異なる日程で行われる。つまり、先に述べた一日の愛染さんに始まって、晦日《みそか》の住吉さん(住吉大社)まで、毎日のように市中のどこかで祭りが行われているわけだ。

私の記憶では、昭和初年では、八日が生玉《いくだま》さん(生国魂《いくくにたま》神社、近松門左衛門の『曽根崎心中《そねざきしんじゅう》』や『生玉心中《いくたましんじゅう》』で知られる。天王寺区生玉町)、十七日が御霊《ごりょう》さん(御霊神社、明治から大正にかけて境内に文楽座があった。中央区平野町《ひらの》)、十八日が高津《こうづ》さん(高津神社、『夏祭浪花鑑《なつまつりなにわかがみ》』の「長町裏《ながまちうら》」＝泥場《どろば》の殺しは、高津の祭りの夜である。中央区高津町。仁徳天皇を祀るので、古代の高津宮《たかつのみや》と混同されやすいが、これは現在も発掘調査が続く法円坂の難波宮《なにわのみや》跡にあった)、二十二日が坐摩《ざま》さん(坐摩神社、私の家の氏神)、二十四日が難波《なんば》神社(通称「博労《ばくろ》町の稲荷」といわれ、明治期に文楽座を離れた二代豊沢団平、三代竹本大隅太夫らが拠った彦六座があった。中央区南久宝寺町)、そして二十五日が天神祭(北区、東天満)、晦日が住吉さん(住吉大社、住吉区住吉)だった。

各神社では、お社からそれぞれの御旅所まで渡御《とぎょ》(お渡《わた》り)の行列が氏地内を練り歩く(坐摩さんは明治の火災で神具が焼失して、私の子供のころには渡御が行われなかった)。また境内には前日(宵宮《よみや》)から多くの露店が出て賑わうが、とくに人気は金魚すくいだった。渡御の行列は、人数や長さに長短の差があっても、各神社ほとんど同じ。まず先頭が天狗の面を冠って馬に乗った猿田彦《さるだひこ》(これは徒歩のところも)、続いて神鉾、鳳輦《ほうれん》(もともとは天皇の乗物をいうが、各神社のは屋根に金銅の鳳凰が付いた黒塗りの輿で、四方に紫色の幕が垂れていた)、神輿(金色塗りで美しい金具で飾られて大きく、大勢で担ぐが、東京のように掛け声をかけて揺することはない、というより重くて揺すれないのだ)、つぎに馬乗の神官、神社によっては武者行列や槍持ち

お祭りの法被を着て，著者4,5歳．(著者蔵)

奴(これは二人一組で槍や挟箱など持物を投げ合うのが見せ場)、そして獅子舞(金または朱塗りの獅子頭に唐草模様の萌黄《もえぎ》の布のついたのを二人で冠る。舞踊の『勢獅子《きおいじし》劇場花罾《かぶきのはなかご》』などに登場するものと同じ)は笛と締太鼓の囃子に合わせて左右に動くだけで、派手な振りはしない。あとには法被に鉢巻姿で扇を持った踊り手が続くが、これは子供が多い。この囃子も同じように聞こえるが、神社ごとに少しずつ異なるようだ。氏地に花街のある神社では手古舞が続く。そして催《もよおし》太鼓。これは、枕《まくら》太鼓、蒲団《ふとん》太鼓ともいう。直径一メートル半ぐらいの鋲《びょう》打太鼓を太い木枠に載せて担げるようにしたもので、太鼓の前後に、揃いの浴衣に赤い襷を掛け、長さ一メートル近い赤い投頭巾を冠り、両手に直径三センチ長さ三十センチぐらいの太い撥を持った打手《うちて》が二、三人ずつ向かい合って乗り、交互に大きく体を反《そ》らして、大間にドーン、ドーンと打つ。ときどき舁手《かつぎて》が激しく揺するのが、スリルがあって面白かった。最後尾に氏子代表が麻裃や羽織袴で随う。

　氏子の各家では表に家紋の付いた幕を張り(正月と同様)、軒下に神社の紋の付いた棗提灯《なつめちょうちん》を下げる。さらに家の中には鳥毛のついた螺鈿《らでん》の棒に、「御神灯」と隷書《れいしょ》で書いた黒塗りの小田原提灯を付けて飾る。戦前は氏神の祭日には小学校は休みになるし、夏で授業も午前中だけだったので、あちこちのお渡りを楽しみに見に行ったものだ。『夏祭浪花鑑』でお馴染みの「だんじり(地車)囃子」や、「長町裏」で舞台の奥を通る台舁《だいがく》(秋田の竿頭《かんとう》に似ているが、竹竿でなく木で頑丈に出来ていて大勢で担ぐ)も、古くは各社にあったようだが、現在は地車(車の付いた白木の屋台で、大太鼓と双盤で賑やかに囃す)は天神祭だけ、台舁も西成区の玉出生根《いくね》神社に一つ残っているだけである。以上は戦前の話で、各神社のほとんどが戦災で丸焼けになり、氏子もすっかり変わったから、現在は神輿渡御も行われていないと思う。

堂島川に勢ぞろいした天神祭船渡御の船列．後ろは中之島大阪ホテル．(大正期．写真提供　大阪天満宮)

天神祭

その中で、戦前以上に盛んになったのが二十五日の天神祭。いうまでもなく北区東天満にある大阪天満宮(天満の天神さん)の祭礼で、江戸期から京の祇園祭、江戸の山王祭(神田祭)とともに天下の三大祭に数えられてきた。それは他に類のない船渡御《ふなとぎょ》が行われるためであり、楽しい夜の祭礼だからでもある。昼間は他の神社同様に昼渡御が行われ、そのあと夕刻に、戦前は難波橋《なにわばし》から神輿を船に乗せ船渡御が始まった。古くは、西大坂戎《えびす》島の御旅所(明治以降は松島に移る)まで堂島川を下り、その船列を下流の各町から御迎船《おむかえ》（お迎え人形＝身長二メートル余りの大きな人形を載せる）が迎えるが、全ての船に篝火が焚かれて壮観だったという。

戦後、復活したが、西大阪一帯の地盤の沈下で橋の下が通れなくなったので、天神橋から逆に川を遡って、源八橋《げんぱち》上流の淀川公園付近から再び川を下る形で行われるようになった。またお迎え人形も幕末には四十四体あったが、戦災などで失われ、現存するのは十六体。それも傷みがひどくて船には載せられないので、現在は祭りの時に、八体を交替で社殿に展示している。

昭和五十年代になると、新たに「歌舞伎船」「文楽船」「落語船」などの参加が始まり、それぞれ賑やかにダンジリ囃子を囃しながら、道頓堀から東横堀を経て大川（堂島川）へ出て、渡御の船に合流するようになった。花火大会も併催され、ドンドコ船（神社のダンジリ囃子を乗せた船で船列とは関係なく川を上下する）が祭り気分を盛り上げ、川沿いのビルにも見物席を設けるところもあって、以前とは異なる賑わいに、内外からの観光客も多くなった。

夏祭り最後を締め括る住吉さんは、晦日なので、夏越しの祓いも行われ、また御旅所が大和川を渡った堺の宿院《しゅくいん》にあるから、その夜は「夜市《よいち》」が開かれる。住吉さんは海上安全の守り神として、昔は大坂湾沿岸の漁船が大浜に集い、魚市《うおいち》を開いたのが始まりである。海岸が埋立てで失われてからは、近くの公園で魚以外の露店も出店を続けている。

盂《う》蘭《ら》盆《ぼん》

サンスクリットのウランバーナの音訳で、旧暦七月十五日を中心に、死者の霊をまつる行事として、日本には古く推古天皇十四年(六〇六)に伝わったとされる。この日、祖先の霊が年に一度家に帰って来るといわれる。全国各地で行われ、精霊棚《しょうりょうだな》を組んだり、仏の乗り物として瓜や茄子で牛や馬の形を作ったり、また岐阜提灯や盆灯籠を飾るなどするが、地方や宗旨によって異なる。東京は七月に行う家が多いのに対して、上方は現在も月遅れの八月十三日から十五日に行われる。

私の家は真言宗だったが、この日は仏壇の彫刻も普段の金色のものから極彩色の品に取り替える(これは正月の三ヵ日にも行う)。さらに苧殻《おがら》に干瓢《かんぴょう》を縄《なわの》暖簾《れん》のように掛けたものを前に吊るす(これは意味不明)。仏花も、高野槙《こうやまき》と蓮台を加えたものに替える。十三日は、早朝から、当主が墓詣り(お迎え)に行き、帰宅すると家族全員が玄関に並んで「迎え火」を焚く。焙烙《ほうろく》に数本束ねた苧殻を載せて点火し、合掌して先祖の霊を迎えるのである(三日間の供え物は「食文化」の章で述べる)。十五日の夕方に、やはり玄関で「送り火」を焚いて見送るが、墓参はしなかった。迎え火の煙は内へ入り、送り火は外に出て行くのが不思議だったが、多分朝と夕とで風向きが逆になるからだと思う。十六日には「地獄の釜の蓋が開く」といい、使用人は「藪入《やぶい》り」と称して全員休みになる。正月にも藪入りがあるから、休みは年に二日だったことになるが、私の家では毎月一日の公休日があった。

京都では、この日に「大文字の送り火」が行われ、鴨川の川床や各橋の上は大勢の見物人で賑わう。一般には左京区如意が嶽が有名だが、北山から西山に掛けて「妙法」「舟型」「左大文字」「鳥居」などの火が、ほとんど同時刻に焚かれる。昭和三十年ごろまでは、三階建ぐらいのビルの屋上に登ると、全部見ることが出来たが、今は高層のビルが多くなって、京都タワーなどの上からしか見られないと思う。

二十三、四日は「地蔵盆」が各町の地蔵堂で催され、昼は子供を中心に菓子などが配られ、夜は盆踊りが行われる。盆踊りは大阪でも催されるが、京都は「江州音頭」、大阪は「河内音頭」が多い。

大掃除

もう一つ、この季節の風物詩として懐かしいのが大掃除。地区ごとに日が決まっていて、その日は各家が全ての畳を上げ、割竹で叩いて埃を落とす音が聞こえたものだ。終わると「終了票」が配られて玄関などに貼った。昭和二十年代半ばまでは、京都でも行われていたように思う。そして忘れられぬのが、夏の朝早くから聞こえてくる「南京虫《なんきんむし》」を叩き出す音。大阪はとくに船場では、昭和初年ごろから南京虫が増え始めたため、夜寝る時に蒲団の周りに四十センチぐらいの木の棒（両側に直径二ミリぐらいの穴が並んでいる）を並べて置いた。すると、穴の中に南京虫が入るから、朝起きて外へ棒を持っていって、叩いて虫を捕るのである。これも今から思えば懐かしい、夏だけの風物詩といえようか。

秋

上方唄「十二月」

噂なかばへ付ける文月《ふみづき》、折に触れての七夕客《たなばた》も、盆の間は踊りかこつけ、娼《よね》や仲居を口説きとるのが音頭《おんど》床《どこ》とよ、肥えてむっちり白き太股《ふともも》、通を失う太い萩《はぎ》(脛)月、さても頼もし血気盛りの勢《きお》い口には伯母《おば》名月や、ぐっと月(突き)見りゃ十六夜《いざよい》(良い)気味と、また取りかかる二度目の彼岸、これぞ成仏得脱《じょうぶつとくだつ》のいとし可愛の声を菊《きく》(聞く)月、心急《せ》っく(節句)や、茶臼《ちゃう》で摺《す》るのが豆の月とて、みな片端《かたはし》に祭り仕舞えば

端唄「京の四季」

真《ま》葛《くず》ヶ原にそよそよと、秋ぞ色増す華頂山《かちょうざん》、時雨《しぐれ》を嫌《いと》う傘《からかさ》の濡れて紅葉《もみじ》の長楽寺《ちょうらくじ》

旧暦では八月から秋になる。上方唄「十二月」の最初の一齣《ひとくさり》は有名な久米《くめ》（粂）の仙人の話で、奈良県橿原市にある久米寺《くめでら》を創建したと伝える。但し、実際は白鳳時代後期の創建で、粂仙人も実在か否かわからない。ある時、空中を飛行していたところ、川の中で衣を洗う女の白い〝太股〟を見て、通力《つうりき》を失い空から落ちたという説話による。この話は浄瑠璃『久米仙人吉野桜《くめのせんにんよしのざくら》』にも脚色され、通力を失うところも描かれており、現在では歌舞伎十八番の『鳴神《なるかみ》』をほとんどそのまま転用した五段目だけが稀に上演される。話がわきへ外れたが、「十二月」の文句は、〝通を失う太い萩月……〟と萩月（八月の別称）を導き出すためだけの引用である。

中秋の名月

旧暦八月十五日夜は中秋の名月。満月は約三十日に一度あるが、この季節は空気が澄んで、とくに明るく綺麗に見えるところから始まったのだろう。現在は月遅れの九月の満月の日である。月見の行事は全国ほとんど同じで、三宝に月見団子を供え、尾花（薄《すすき》の穂）に桔梗など季節の花を飾るが、私の家では、団子ではなく子芋《こいも》（里芋）を三宝に盛って供えていた。

放生会《ほうじょうえ》

また、この日は仏教の不殺生の思想から、捕らえた鳥や魚などの生類《いきもの》を、山や川に放ってやる放生会が各社寺で行われ、とくに石清水八幡宮のものが有名だった。この月見と放生会を巧みに採り入れたのが『双蝶蝶曲輪日記』の「八幡里引窓」である。八幡里は八幡宮のある男山の麓にある。最初の幕開きでは女房お早が月見の飾りをしているし、後段では南与兵衛が濡髪長五郎を縛った縄を切って、差し込む月に「南無三宝夜が明けた、明くれば即ち放生会」と逃がしてやるのも、満月の夜なればこその描写であろう。神仏混淆の近世から、神道に統一された現在でも、九月十五日に石清水祭の行事として行われている。

「十二月」の〝血気盛りの勢い口には〟から〝十六夜気味と、また取りかかる〟までは実にうまい文句だが、〝伯母名月〟という言葉はなく、この伯母は一般的な年増《としま》の意味で、名月も迷惑の洒落と考えるとわかりやすいだろう。

また、この月は秋の〝彼岸〟(秋分の日)があるが、行事としては春の彼岸と同じく、それぞれ先祖の墓参りをする。

菊の節句

〝菊月〟は九月の異称で、九月九日は菊の節句(重陽の節句)である。行事としては「菊の結《ゆい》綿《わた》」があり、前夜から菊の花に真綿を被せて庭に置き、綿に夜露や香りを染みこませ、翌朝その綿で身体を拭うと不老長寿を保つとされた。地唄の『菊』はこのことを唄ったもので、歌詞にある翁草《おきなぐさ》も菊の異称である。もともと菊の露は薬の水とされ、謡曲の『菊慈童《きくじどう》』（枕《まくら》慈童）のテーマになっている。

また、これが年間の「五節句」の最後になる。八朔《はっさく》（八月一日）や亥子《いのこ》（後述）なども節句の一つだが、現在では上巳、端午、七夕の三つしか行われていない。ただ花街では、今も八朔に白い衣裳を着る風習が残っている。

〝茶臼で摺るのが豆の月とて〟の茶臼は、「女性上位」を意味する。豆の月は旧暦九月十三夜の月で豆名月、後の月とか栗《くり》名月とも呼ぶ。とくに決まった行事はないようだが、古くは枝豆や栗を供えたらしい。

牛祭《うしまつり》・鹿の角伐り

十二日（現在は十月十二日）の夜には京都太秦《うずまさ》、広隆寺《こうりゅうじ》で牛祭がある。京都三大奇祭の一つになっているが、異様な面を冠り牛に乗った摩多羅神《まだらじん》が、四天王と呼ぶ赤鬼、青鬼を従えて境内にある祖師堂の前で呪文を唱えたあと堂内に入る。

また、このころ奈良、春日大社の鹿苑では、鹿の角伐りが行われる。秋になると牡鹿の気が荒くなって危険になるためという。

秋祭り

そしてこの月(旧暦九月)には秋祭りが行われる。本来、新穀を神に供える収穫祭で、夏祭りと同じく新暦の十月に行われる。一般の家では夏祭り同様幕や提灯を飾り、氏神へ献灯料や供養料を届けるが、神幸祭などはない。戦前は神嘗祭《かんなめ》、新嘗祭《にいなめ》が祭日として休日になった。

だんじり祭

九月(新暦)の祭りで戦後有名になったのが、大阪府岸和田市の「だんじり祭」。現在は九月中旬の土、日曜日に行われ、囃子方の乗った地車《だんじり》を大勢が太い綱で引っ張り、狭い道筋を猛スピードで走り抜ける。このスリリングな動きがテレビでも紹介されて、全国から観光客が集まるようになった。中心になるのは岸和田城(岡部氏の居城)の堀の近くにある岸城《きしき》神社の祭礼で、二十余基の地車が参加する。囃子の楽器は笛、太鼓、鉦で、夏の天神祭のそれとは違うようだが、残念ながら私は見たことがない。この日は周辺の地区でも、それぞれ同様の催しがあるほか、地区によっては月遅れの十月に行うところもあるようだ。

時代祭

秋の最後を飾るのが、京都平安神宮の時代祭。明治二十八年(一八九五)に、平安遷都千百年を記念して左京区岡崎に建てられたのが平安神宮で、桓武天皇を祀る。その年の十月二十二日を遷都の日として、京都御所から神宮までの神幸祭が行われ、その前駆として平安から明治維新までの各時代の風俗・人物に扮した行列が始まった。行列では、維新の時に官軍の先頭を進んだ山国村(京都府)の鼓笛隊が一番先を行くので、時代風俗を遡る形だが、それぞれに変化があって面白く、絵巻物を見る感がある。京都三大祭の一つ。

紅葉

秋は紅葉の季節である。端唄「京の四季」には東山の紅葉の名所が唄われている。〝真葛ヶ原〟は円山公園一帯の称で、〝華頂山〟は知恩院の山号。〝時雨を嫌う傘〟とは、同寺の七不思議の一つ、本堂の軒裏にある「忘れ傘」を指したもの。〝長楽寺〟は東山の中腹にある塔頭《たっちゅう》の一つで、紅葉の名所として有名だった。かつてこの辺りには「世阿弥」「左阿弥」など著名な料理店があったが、今では「いもぼう」の「平野屋」ぐらいになってしまった。

しかし、京都で紅葉の名所といえば、何といっても東福寺《とうふくじ》。通天《つうてん》の眺めは、まさに絶景である。北から西へ回れば鷹《たか》ヶ峯《みね》から高尾、栂尾、そして秋の嵐山の景色も見逃せない。大阪では滝で有名な箕面《みのお》の紅葉、茶店などで楓《かえで》の葉の天ぷらを売っていたが、今はどうだろうか。

冬

上方唄「十二月」

二折り三折りの延《のべ》を切らして神《かみ》(紙)無月《なしづき》よ、亥子餅《いのこ》とて大人も子供も、
御命講《おめこ》のあたりを、五夜も十夜も突いて貰えば、ほんに誓文、
強いお方やもっと霜月、泡を吹矢《ふきや》の鞴祭《ふいごまつり》か、顔は上気《じょうき》のほんにお火焚《ひたき》、
大師講して奨《すす》められつつまた師走《しわす》れど、乙子《おとご》おろかやよい事始め、
陽気浮気《うわき》の箒客《ほうききゃく》とて、中や南を掃いて回るが煤《すす》取り、
後にや草臥《くたび》れほんの餅つき、はや節分《せつぶん》の汚《けが》れ不浄の厄を払うて、
豆の数々ちょっと三百六十ついた

端唄「京の四季」

思いぞ積る円山の、今朝も来て見る雪見酒、エ、そして櫓の差向い
ヨイヨイヨイヨイ　ヨイヤサー

神無月

上方唄「十二月」の〝二折り三折り〟の〝延〟は延紙《のべがみ》のこと。延紙というのは小型の鼻紙で、その昔に公家の懐中紙だった吉野延紙に由来するという。「新口村」(『傾城恋飛脚《けいせいこいびきゃく》』)の梅川、「河庄」(『心中天網島《しんじゅうてんのあみじま》』)の小春、あるいは『仮名手本忠臣蔵』七段目のお軽《かる》など、遊女が胸元に挟んで、紙捻《こより》を作ったりする紙である。使って紙がなくなったのと、〝神無《かみなし》〟をかけた洒落。

十月は全国から八百万《やおよろず》の神が出雲国(島根県)に集まるといわれ、各地に神がいなくなるところから神無月が異称となった。逆に出雲では神有《かみあり》(在)月といい、俗信では、集まった神々が各地の男女を選んで、赤い糸で結ぶと縁談がまとまるといわれる。赤い糸で結ばれた縁というのは、ここから起こっている。そもそもは、中国の故事「赤縄《せきじょう》の縁」から転化したものである。

亥子《いのこ》

亥子は旧暦十月の亥の日で、月に二、三度あるが、古くは月初めの亥の日、亥の刻に〝亥子餅〟を食べた。万病除けの呪《まじな》いとされる。また農家では、収穫を終えて田の神が去って行く日として、子供が石を結びつけた縄や、固くかためた縄束で地面を打って回り、これを亥子突きといった。また商家では、この日に掘炬燵の炉を開くとよい(おそらく火難除けだろう)とされ、私の家でもこの日に炬燵を開けていた。『心中天網島』の「紙屋内」の女房おさんの口説きにも「一昨年《おととし》の十月、中(中旬)の亥子に炬燵開けた祝儀とて……」とある。和菓子店では、今も亥子餅を売っているところがある。

〝御命講〟は日蓮上人の忌日で十三日。東京では御会式の方がわかりやすいだろう。池上本門寺がとくに有名だが、上方でも日蓮宗の各寺院では盛大に行われる。

〝五夜〟は夜中の五つ(寅の刻)で午前四時。〝十夜〟は浄土宗の法要で、六日から十五日までの十日間、集って念仏を唱える行事。十夜念仏、お十夜とも呼び、戦前までは広く行われていた。

〝誓文〟とは起請文《きしょうもん》のこと。約束を守るために書く証文で誓紙《せいし》ともいう。社寺の発行する牛王宝印《ごおうほういん》の裏に書くのが一般的で、とくに熊野牛王の誓紙がよく使われた。芝居では恋仲の男女が取り交わすのが多いが、この場合は商売の取引上の約束を意味している。もともとは京都が始まりで、二十日の日に四条京極の冠者殿《かじゃどの》に参詣して、日ごろ商売の駆け引きで嘘をついた罪を祓《はら》い許しを乞う行事で、誓文払《せいもんばら》いと呼んだ。冠者殿は、俗説に堀川夜討のとき義経に起請文を書きながら、約を破って襲撃し、かえって捕らえられて殺された土佐坊昌俊《とさのぼうしょうしゅん》を祀るとされる。この故事は謡曲『正尊《しょうぞん》』(昌俊)に仕組まれ、「起請文」は、『安宅《あたか》』の「勧進帳」、『木曽《きそ》』の「願書」と合わせ三読物《さんよみもの》として許物《ゆるしもの》になっている。ここから上方の商家では、この日を中心に大売り出しなどを行って、顧客に感謝する風習が始まった。誓文払いの売り出しは、現在もデパートや商店街などで、盛大に行われている。

鞴《ふいご》祭《まつり》

〝霜月〟は十一月で、旧暦だとぐっと寒くなる。「十二月」の〝鞴祭〟の鞴は、鍛冶屋《かじや》や鋳物《いもの》師《し》が火に風(酸素)を送り高温にするための道具で、長方形の箱の中で把手《とって》の付いた板を抜き差しするものと、風琴のような袋を足で踏むものの二種がある。私の幼時には行商の鋳掛屋《いかけや》が、路上に陣取って仕事をしていた。近所の家から頼まれて鍋や釜の底に開いた穴の修理をするので、落語の『鋳掛屋』そのままの風景だが、私の時にはこの落語に登場するような悪戯《いたずら》っ子はいなかった。現在はポンプを使う店がほとんどだが、緻密な細工をするには手動でないと不可だと、今でも使う人があるらしい。いずれにしても、鍛冶や鋳物には必需の道具である。

鞴祭はもともと旧暦十一月八日だったが、新暦になっても同じ日に行われている。なぜこの日なのかはよくわからないが、お祀りするのは金屋子神《かなやこのかみ》(不詳)、あるいは稲荷《いなり》神で、伏見稲荷でこの日に〝お火焚〟が行われるからだろうか。稲荷との関係は案外、謡曲『小鍛冶《こかじ》』に起因するのかもしれない。いずれにしても、鞴を使う仕事の人は、この日は仕事場を綺麗に掃除して祀り、感謝の意を表すため、御灯《みあかし》、餅、御酒《みき》のほか蜜柑を供え、風邪薬として食べる。この風習は上方よりも江戸で盛んだったようで、往来に蜜柑を撒《ま》いて子供に拾わせたらしい。江戸の街には欠かせぬ行事だったので、紀伊国屋文左衛門が大嵐の中、蜜柑を上方から江戸に運んで巨万の富を得た。これは「かっぽれ」の文句にも唄われ、また落語の『千両みかん』にも仕組まれている。なお、鞴の歴史は古く、エジプトのファラオの墓標に描かれており、わが国でも『日本書紀』の天岩戸の項に、天羽鞴《あまのはぶき》と記されている。

〝お火焚〟は社前に火を焚く行事で、各神社で行われ、それぞれ日は違う。かつては御霊さんが十日、お初天神が十二日、生玉さんが十三日、天満の天神さんが十八日だったらしい。この日は神前に新穀を供え、子供たちにお下りの菓子などを与えたというが、戦前にはすでに廃れていた。

神農《しんのう》さん

十一月の大阪で落とせないのが、二十二、三日の神農さん。薬種商が集まる中央区道修町《どしょうまち》に鎮座する少彦名《すくなひこな》神社の祭礼で、祭神はわが国の薬の神である少彦名命と、中国の古代伝説にある三皇の一人、炎帝《えんてい》神農を祀る。通りの北側の露路の奥にある狭い境内は、普段はほとんど参詣人が見られないが、この日だけは、魔除けの張子の虎を付けた笹の枝を配るので、大変な賑わいを見せる。昭和初年には武田、塩野義、田辺などの製薬会社も、まだ昔ながらの和風の建

神農さんのお祭り．（昭和９年ごろ．『大阪薬種業誌第１巻』より）

物で、店の間を開いて薬品の化粧函《ばこ》や漢方の生薬など使って組み上げた大きい人形を飾って、趣向を競っていた。多くは歌舞伎や昔噺の場面だが、なかには「肉弾三勇士」など軍国物も登場していた。街には露店が立ち並び往来もままならぬ人出だった。また辺り一面に薬の匂いが漂っていたのも懐かしい。「オッサン虎おくれ」と言って貰って帰った笹の枝は、十日戎の福笹と並べて神棚に飾る家が多かった。現在も盛大に行われているらしいが、ほとんどの店がビルになり、作り物の人形もなく昔の風情は全く感じられない。

「大師は弘法に取られる」というとおり、一般にお大師さんといえば空海を意味するが、「十一月」の〝大師講〟は天台大師智顗《ちぎ》の忌日で十一月二十四日。智顗は中国隋時代の僧で、天台宗の開祖とされる。この日は枯れ柴を箸にして、小豆粥を食べる習慣があったという。

いよいよ師走《しわす》である。「十二月」の〝乙子《おとご》おろかや〟は事も愚かやの洒落。乙子は末っ子を意味することから、十二月一日を乙子朔日《ついたち》といって、雑煮を祝うことがあったらしい。

事始め

〝事始め〟は十三日で、この日から正月の準備にとりかかる。現在では京都祇園の事始め（おことさん）が有名で、芸妓や舞子が正装して、井上流京舞の家元、井上八千代のところへ鏡餅を持参、流儀の舞扇を貰う様子が毎年のようにテレビで紹介されている。かつては一般の商家でも行ったもので、取引先や親類などへ互いに鏡餅を贈り合い、また別家《べっけ》（暖簾分《のれんわけ》をしてもらった家）は主家《おもや》（元の主人の家）へ鏡餅を届け、それに対して主家は歳暮の祝儀を渡したものだ。別家からも別に歳暮の品を持参するが、わが家の場合、砂糖（三盆白《さんぼんじろ》）の箱が多かった。

この日は鏡餅があちこちから届くので、かき餅を作る。長さ五、六十センチもある大きな鉋《かんな》で、一ミリぐらいの厚さに削り、それを五、六センチ角に切って、二階座敷で簀子《すのこ》の棚に並べて乾《ほ》す。冬の寒さで数日すれば乾燥してカチンカチンになる。それを畳紙《たとうがみ》の袋に入れて網を掛け、台所の天井に吊るして少しずつとり出して食べる。私の家は仕舞屋《しもたや》だったが、女子衆《おなごし》さんが五、六人もいたから結構早く消費した。また、寒餅のが美味しいと、寒になると注文してかき餅を作っていた。そして、実際に正月の準備をするのは押し詰まってから。わが家は二十八日に、春の項で述べた正月飾りをした。

また私の家では、毎年十二月十二日に、巾二センチ、長さ七、八センチの細長い紙に「十二月十二日」と書いて、各部屋の雨戸の栓(枢＝くるる)の横に貼り付けていた。何でも、この日は石川五右衛門が処刑された日とかで、盗人除けの呪《まじな》いだそうだ。当時、他の家でも貼ってあるのを見た。

「十二月」の〝箒客〟とは、相方の女を一人に決めず、その時々で変える客で、花街では嫌われていた。歌舞伎の『伊勢音頭恋寝刃《いせおんどこいのねたば》』の「油屋」で、阿波の客が貢を嬲《なぶ》る台詞がある。〝中〟は新町、〝南〟は南地のこと。この文句から、「十二月」が新町から始まったとする一つの証拠であると推測される。〝掃いて回る〟から〝煤取り〟へと導いている。

煤払い

歳末の煤払いといえば「忠臣蔵もの」(『松浦《まつうら》の太鼓《たいこ》』『土屋《つちや》主税《ちから》』など)に登場する大高源吾の煤竹売りが思い出されるだろう。年末に、新年を迎える準備に行う大掃除のことである。浮世絵などの題材としても描かれているが、夏の項で述べたように、戦前の大阪では地区ごとの大掃除は夏に行われていて、年末の掃除は各家ごとに行っていた。たいてい正月間近に行って、畳を上げる家は少なかった。

「十二月」の〝後にや草臥《くたび》れほんの餅つき〟は煤払いでくたびれて、元気がなくなったことで、餅つきは提灯で餅をつくの意味である。その餅搗《あもつ》きは暮の二十二、三日ごろに行う家が多く、賃搗き屋が臼や杵の道具を持って来るので頼む家が多かった。わが家は賃搗き屋ではなく、出入りの餅屋に頼んで届けてもらっていた。

雪見酒

「京の四季」の〝思いぞ積る〟は〝雪見酒〟にかけてある。相愛の男女(おそらく女は芸妓か)が、円山の小座敷で櫓炬燵に差し向かいで雪見酒を楽しんでいる景色だが、〝櫓〟にはもう一つ、四条の歌舞伎が隠されている。四条には明治二十年代まで、南座の真向かいに北座があって、師走には顔見世が行われていた。まさに〝櫓の差向い〟である。

「十二月」の〝ちょっと三百六十ついた〟で、新しい年を迎えるのである。ちなみに『京舞井上流歌集』では〝三百六十四ついた〟となっているが、何故かはわからない。

第二章　冠婚葬祭のならわし

婚礼

冠婚葬祭といっても、東西でほとんど変わらないだろう。私がここで事新しく述べようと思ったのは、母が自らの経験を事細かく書き残してくれたメモを見たからである。それは私が知る結婚の次第とは、全くといってもよいほどかけ離れており、いうなれば一昔以前(大正期)の結婚の様子で、これを記録として残すのも満更無駄ではなかろうと思う。

私の両親が結婚したのは大正十二年(一九二三)で、すでにタクシーなども走っていたが、母の父が、いわゆる数奇者《すきしゃ》で、古い形の婚礼を復活したいと考えたらしい。母の実家は島之内で、「みのや」という扇子商である。心斎橋筋のそごう(昭和五十年ごろに閉館して、隣の大丸の別館となって営業を続けていたが、最近閉業した)の真向かいにあり、東京の銀座松坂屋の向かいに支店があった。関西の歌舞伎など芸能人の配り扇などを一手に引き受け、心斎橋筋でも老舗《しにせ》の一軒として知られていた。関西ばかりでなく、東京でも六世中村歌右衛門が、福助から芝翫を襲名する時の配り扇はみのやだったと、故竹柴蟹助《かにすけ》さん(狂言作者)から聞いた。

祖父の逸話として伝わっているのは、先祖の年忌を勤めた時、菩提寺で法要を営んだあと、仕上《しあ》げ（精進落し）で料理屋に行くと、また坊主が読経している。参会者も慌《あわ》てて正座して合掌したとたん、くるりと坊主が振り返ると、これが有名な幇間《たいこもち》で、一同だまされたと大笑いしたとか。これは当時の赤新聞（大衆向け夕刊紙）にも載ったという。このように、平素、お茶屋遊びにも妻子を同伴したという人だったから、娘の婚礼に何か変わったことをと考えたのだと思う。

では、当時の一般的な結婚までの次第を見てみよう。

口次《くちつ》ぎ

現代のように恋愛結婚など少ないころだから、どこにどんな息子や娘がいるかわからない。そこで、出入りの呉服屋の番頭や職人などから「あちらの嬢《とう》さん、こちらの若にどないです」といった情報が寄せられる。これが口次ぎである。写真などを手に入れて奨めるが、なかには半分これを仕事にしている「仲人屋《なこうどや》」というのもいた。

透《す》き見《み》

双方が気に入ると、つぎは透き見である。お茶会などの場合もあるが、多くは芝居で、同じ日に双方がそれぞれの席から相手を見る。これは、男性側が一方的に設営することも少なかった。これで合格するといよいよ正式な縁談になる。ただ、わが家の場合は、祖母（父の母）が道で見掛けた娘（私の母）を気に入って、身元を調べて話を進めたので、結婚後も世間一般に多い嫁姑の確執は全くなかった。時に夫婦喧嘩になる場合も祖母が母に味方するので、和気《わき》藹々《あいあい》すこぶる仲がよくて実母よりも姑に親しみを感じているようだった。

言入《いいい》れ

嫁を貰う聟の方で適当な仲人を決めて、先方に正式に申し入れる（聟取りの場合は逆）。嫁方では両親が正装（紋付、袴、黒の裾模様）で迎え、了承した由を返事する。そして、昆布茶と菓子（家によっては酒肴）で接待する。ここで正式な見合いの日取りが決まる。

見合い

母の場合は二月ごろだったというが、およそ婚礼の半年ぐらい前になる。場所はある程度庭の広い屋敷でないと困るが、街中の料理屋にはそんな店は少ないから、知人や親戚の別荘などを借りることが多かったようだ。当時は、居宅は街中にあるが、上町辺りの眺めのよい場所に別邸を構え「下屋敷」などと呼んでいる大店が少なくなかった。わが家でも親戚の別邸を貸してもらった。定刻に双方の近親が集まると、それぞれ庭に面した別々の部屋に入る。そして、まず嫁方の家族から、仲人を先頭に一列になって庭を歩く(もちろん全員正装)。それを聟方は部屋から見るだけ。今度は逆に聟方がやはり仲人を先に庭を歩き、それを嫁方が部屋から見る。すでに話はまとまっているも同然だから、全く形式的なもののように思えるが、実は聟も嫁も相手の「実物」を見るのはこれが最初なので、とくに女性の場合は相手を余りよく見られなかったようだ。この後、仲人がそれぞれの部屋へ来て、扇子の交換が行われたあと、別々に食事をして終わるのである。いささか大仰なようだが、一般にこのような形で行われていた。

つぎに当人同士が顔を合わせるのは婚礼の当日になるわけだから、ほとんど、相手がどんな人かもわからぬままに進められたのである。

戦後になると結婚もずいぶん様変わりした。私が結婚した昭和三十年ごろは恋愛結婚が多くなってきていたが、まだまだ見合いも多く、私もその一人だ。このころの見合いは双方の家族が集まって行い、そのあと二人だけで散歩したり話し合うのが一般的。その後、何度か会っていろいろと語り合ったりしたものだ。

結納

無事に見合いが済むと、つぎは結納。だいたい半月後ぐらいに行われる。仲人がまず聟方の家に赴き、結納の品(近年は現金が主流になったが、母のころは嫁の衣裳＝丸帯地が多かったようだ)と目録を預かり、聟方の宰領《さいりょう》(店の一番番頭など)を伴って嫁の家に行く。嫁方は両親と本人が出迎えて座敷へ通し、仲人が結納持参の祝詞を述べると、床の間に緋毛氈を敷いて持参の結納(品物)、目録を飾る。一般に目録は末広(扇子)、熨斗《のし》を添え生地の折敷《おしき》に載せて渡すが、その他に鰹節、昆布、鯣《するめ》など(いずれも奉書で巻き金銀の水引を掛ける)の祝い物や、さらに嶋台《しまだい》(『高《たか》砂《さご》』の尉《じょう》と姥《うば》や鶴亀を飾ったもの)を加えることがある。祝い物が多くなると折敷でなく長方形の三宝になるが、いずれにしても目録を中心に置く。嫁方はめでたく受領した礼を述べ、聟方への御《お》受《うけ》の目録と結納(品物＝聟の方へは袴地が主であった)を宰領が受け取って引き揚げるが、仲人は残って酒肴の接待を受ける。なお品々を包む奉書は聟からは濃い緑色と白、嫁からは紅と白の二重がさねである。

翌日には親戚が祝いの挨拶に来て祝宴があり、さらに、その後二、三日は別家や出入り商人などが続く。

これは聟の家でも同様だろうと思う。

嶋台(中央).(『絵本江戸紫』より.国立国会図書館蔵　デジタルコレクション)

荷飾り

結納が済むと、嫁の家では婚家へ持参する衣裳、小間物（貴金属、装飾品、人形、羽子板など）、箪笥、長持などの準備に入る。例によって凝《こ》り性の祖父は、それぞれ一流の店に発注して整えたようで、私が知っている物にも、家紋の澤瀉《おもだか》をデザインした蒔絵の硯箱《すずりばこ》や、ミニチュアの印籠、矢立《やたて》、母が好きだった六代目尾上菊五郎の敦盛の羽子板などがあった。

いよいよ婚礼の日が近づくと、それらの品を披露するのが「荷飾り」である。座敷に緋毛氈を敷いて、品々を並べて見せる。これは親類や別家だけでなく、近所の人々にも見てもらうから大勢になり、折詰の料理で接待する。これが二、三日続くから、夜間は家人が交代で不寝番《ねずのばん》。この荷飾りは、受け取った聟方でも同様に行う。挙式の前に行われるので、嫁の方の荷飾りは一ヵ月ほど前に行われるのである。

荷《に》出《だ》し

祖父の数奇者ぶりが最高だったのは、この荷出し。荷物を婚家へ運ぶのだが、当時はすでにトラックも普及していて、一般に婚礼の荷物もトラック使用が普通だった。家紋を白く染め抜いた萌黄色（緑色）の唐草模様の布で荷台を覆ったトラックは、私も子供のころによく見かけた。戦後も昭和三十年ごろまではあったと思う。

だが祖父は、昔のように品物を吊台に載せ、青竹を通し、それぞれに提灯を灯して担ぎ、島之内から船場まで一キロ余りを、行列をして運んだのである。仲人は車（おそらく人力車）に乗って先頭に立つが、当時でも珍しい行列なので人が集まり、警察に依頼して交通整理をしてもらったそうだ。母のメモによると、荷運びの人たちには両家から祝儀が出るので、店で仕事をする扇子職人たちを使って収入になるようにしたとのこと。これは祖父の心配りだろうという。かつては婚礼の荷物を何荷《なんが》といったが、荷物の数のことで、母の場合は十三荷だった。

仲人には、出発前に酒肴を出した。この翌日ぐらいから聟方がやはり三日間ほど荷飾りをする。

挙式

当時はすでに、氏神などの有名神社で神前結婚のあと、ホテルや社交倶楽部（清交社、有恒クラブなど）、有名料亭で披露宴というのが主流で、自宅でするのは少なかった。だが、わが家は仕舞屋で商売上の付き合いなどもなかったため家で行ったのだと思う。母のメモには、実家を出る時から記録されている。

当日は、昼食を済ませるとまず入浴、それから化粧、結髪にかかる。この当時は、そろそろ鬘《かずら》も使われていたが、母の場合は自髪《じがみ》で結うから大変で、とても時間がかかる。その前に化粧をするが、例の物数奇で南地富田屋の里栄という名妓にしてもらった。結髪も同じく富田屋出入りの最高の腕前の人に頼んで、高島田《たかしまだ》に結《ゆ》い上げた。衣裳(白無垢《しろむく》)の着付は男衆がしてくれる。仕度が整うと座敷で当人に膳(赤飯=上方だから普通の米に小豆を入れて炊いたもの、焼肴など)が出て、両親や兄弟ら家族による別れの盃を交わす。この場合の給仕は全て父親が行う。当人の挨拶がすむと、綿帽子も父が冠せ草履をはかせる。そして家を出る時に、それまで使っていた飯茶碗を割る。これは本来は葬礼の儀式だが、この場合は「再び戻らぬ」との誓いの意味をもつ。そして、仲人と両親が付いて家を出る。このときはハイヤーを使った。

婚家(聟の家)では、全ての雨戸を閉め、電気も消灯、部屋ごとに燭台に百匁蠟燭《ろうそく》を灯して到着を待つ。到着すると、嫁は玄関から上がり、付添人(誰かは不明)に手を引かれて、まず仏間で仏壇を拝んだあと、座敷に通り仲人と新郎新婦だけで三々九度の盃を交わす。この儀式を勤めるのが双方出入りの雇女《やとな》(やといなかいの略)である。雇女といっても、織田作之助の『夫婦《めおと》善哉《ぜんざい》』に登場する蝶子のようなのではない。古来、大坂の商家では、祝儀や法事などで客の接待に当たる出入りの雇女が決まっていた。頭分が二、三人の女性を抱えていたようだ。婚礼の場合は、双方の出入りの頭分が来て盃事を行った。使われるのは雌蝶雄蝶の飾りのついた長柄《ながえ》の銚子と三つ組の朱塗りの盃。二人の雇女が、それぞれ長柄を持ち、新郎新婦の回りを摺り足で歩きながら、儀式に従って長柄をカチンと当てて音を立てたり、それは厳粛で見事なものだったそうだ。盃事がすむと、仲人の祝言の謡があって式は終わる。

嫁は一旦控え室に戻って、黒の本衣裳に着替えるが、この着付も雇女が行ったらしい。着替えが終わると座敷へ戻り、双方の親子兄妹による「親子の盃」を行う。

これが終わると、再び控え室に戻って、今度は色直《いろなお》しの衣裳に着替え、近くの有名な料理屋に双方の親類を招いて披露宴が開かれる。ここで再び黒衣裳に戻ってから、新郎新婦は家に戻って、仲人立ち会いで床盃が行われるが、これも雇女の仕事である。盃事のほかに祝い膳が出て、二人で取り分けて食べたらしい。ここで仲人たちはお開きになるという次第。

部屋見舞《へやみまい》

翌日には「部屋見舞」と称して、聟方の親類の女性たちが来るので、嫁は目見得の挨拶に出る。この時は寿司で接待したらしい。この日から九畳の茶の間が嫁の部屋となって、実家から伴った「付女中」と二人で暮らすことになる。別家の人たちがこの部屋へ挨拶に来るので、礼として土産の品を渡した。

披露宴

父の方の出席者は謡仲間ぐらいしかいないので、自宅に出前料理を取って、雇女の接待で行ったようだ。このあと「里帰《さと》り」といって、一度、実家に帰るが、これには三日帰りと五日帰りがあり、母は五日帰りだった。これも仲人が送って行き、御膳を出す。

ここから実家の披露宴が始まるが、こちらは人数が多いから、今橋の「つる家」で三日間にわたり行った。もちろん南地から芸妓や幇間《ほうかん》を呼んで派手だったらしい。これには婚家の家族も出席した。五日目には仲人と聟の家族が迎えに来て、付女中を伴って婚家に帰る。それからは一日中、茶の間で二人で過ごし、手持無沙汰と退屈で困ったらしい。なお、付女中は二ヵ月で実家に戻った。

新婚旅行

はじめは関東へ行くつもりだったらしいが、大震災直後で遠慮して、京都の柊《ひいらぎ》屋旅館に二、三泊した。ただ地元だから、悪友たちが遊びに来て落ち着かなかったという。そのため、二、三年後に上海へ行った。洋装で麻雀(格好だけ)している写真が残っていた。

以上で母の結婚に伴う、一切の行事の記録を終わるが、今とはまるで別世界の感がする。因みに叔母(父の妹)が昭和三年(一九二八)に結婚した時は、天満天神の本殿で挙式、披露宴は中之島の中央公会堂だった。新婚旅行も八ヵ月がかりで世界一周に出かけた。

その他の慶事

正月

歳時記の章で述べたとおり、事始めの鏡餅のやりとり、年始の挨拶は、実家の両親が婚家を訪れる。客は組重《くみじゅう》(おせちの重箱をこう呼んだ。料理は料理屋から出前)を奨められても、ほとんど箸を付けない。酒も二、三杯受ける程度。

出産

嫁が妊娠すると実家から祝いが来る。腹帯(岩田帯)を五ヵ月目の戌《いぬ》の日に締めるのは全国共通のようで、東京では水天宮で授けてもらうが、関西では紀州加太の淡島神社に詣ったという。嫁が実家に帰って出産する家も多いし、病院で産むことも少なくなかったが、私の家は居宅で産婆を頼んでいた。私の兄妹は六人だが、全員自宅出産。私の時は、初産のために時間がかかり、初めての陣痛から出産まで半日近くを要したらしい。少し頭が出ては引っ込むの繰り返しで、やっと生まれたときは私の頭は外方《げほう》(福禄寿)のように細長く、双方の祖母がどうなることかと心配したようだが、お蔭さまで円く納まっている。

宮《みや》詣《まい》り

生後一ヵ月ぐらいで氏神に詣るのは全国共通。晴れ着は嫁の実家が用意するのも同様。

食《た》べ初《ぞ》め

一般には食《く》い初《ぞ》めというようだが、私の家では食《た》べ初《ぞ》めという。近ごろは食べ初め用の膳部一式をデパートなどで売っているが、私のころは家にある適当な食器を使ったらしい。珍しいのは、「歯《は》固《がた》め」といって、焼物皿に乾燥した二十センチほどの魴鮄《ほうぼう》を載せ、赤ん坊に食わせる真似をするならわし。関西では広く行われたようで、出入りの肴屋に用意してあり貸し出してくれた。これは魴鮄を一名金頭《かながしら》というところから(本当は別種の魚らしいが)、金に困らぬようにとの呪《まじな》いのようだ。

初正月

生まれて初めての正月には祝い膳が出される。祝い膳については後の食文化の章で詳しく説明するが、私の家では新調せず、代々の品を引き継いで使用した。もちろん生後一年に満たないから雑煮など食べられず、一応並べてもらうだけである。祝い膳は各々の誕生日にも使うが、この時は赤御飯に鱠《なます》、味噌汁、焼き物（小鯛の尾頭付）が出される。

十三詣り

私の小さいころは、関西では七五三の祝いをする家は少なかったから、子供のつぎの慶事は「十三詣り」になる。これは十三歳（数え年）になると、虚空蔵菩薩《こくぞうぼさつ》を祀《まつ》る寺で祈禱を受け智恵を授かるというもので、三月十三日に行われる。もちろん大阪にも虚空蔵を祀る寺はあって十三詣りの行事もあるのだが、関西一円の多くの家は、京都嵐山の法輪寺まで出かけた。私らのころは、多勢並んで本堂で御祈禱を受けるだけだったが、近年は半紙に一字好きな字を筆で書くとか、いろいろ新しい行事が行われているようだ。ただ今も変わらないのは、御祈禱を受けたあと、寺の入口にある小さな石橋を渡るまでに振り返ると、せっかく貰った智恵を失うということで、私も緊張して下向の道を急いだのを覚えている。

祝い事については、以上でおおよそ触れられたと思う。

不祝儀

葬式

近ごろは葬式もずいぶん様変わりしたようで、メモリアルホールなども各所にあり、最近は近親だけの家族葬や散骨、樹木葬など新しい形が増えているらしい。

昭和初年の大阪では、長柄と阿倍野に斎場があったものの、まだまだ自宅で行う家が多かった。私の家でも昭和十年(一九三五)に曽祖母(祖母の母)が亡くなった時、家で葬儀をしたので、その時のことはよく覚えている。

まず奥座敷四室の襖を取り外して広くし、玄関から奥まで畳の上に白布を張って土足で入れるようにした。床の間に祭壇を安置し、菩提寺の僧侶(人数は忘れた)が読経、その後ろに家族が並ぶ。会葬者は玄関から上がって焼香、帰りは中坪から降りて細い路地から出て帰ってもらう。喪主の父は裃を着た白装束(『仮名手本忠臣蔵』四段目の塩谷判官そっくり)で、会葬御礼の挨拶をしていた。会葬者には、お礼の品を渡す。現在はハンカチなどが多いが、当時は黄白の楕円《だえん》形の薯蕷饅頭《じょうよまんじゅう》が一般的で、「山菓子」または葬式饅頭と呼んだ。

葬儀が終わると遺骸を霊柩車に載せ僧侶と家族はハイヤーで火葬場に向かうが、私のところは阿倍野であった。当時は火力が弱いので骨揚げ（灰寄せ）は翌日になる。その日は、茶臼山の精進料理店「雲水《うんすい》」で仕上げ（精進落し）をして終わるのだが、この祭壇の飾り付けから車の手配など、一切を取り仕切るのが駕屋《かご》である。各家には代々決まった駕屋があって、葬式だけでなく、いろいろな行事の時にも手伝いにくるので、現代の葬儀社とは違った。因みにわが家の駕屋は「阿波弥」といい、揃いの紺の法被《はっぴ》を着て、頭は角刈り、ちょっと鯔背《いなせ》な感じがした。

法事

私の家は父が九代目で、古く続いているから先祖の仏も多い。だから、一周忌から三十三回忌ぐらいまでは家族だけで行うのだが、五十回忌、百回忌となると、親類や別家衆にも詣ってもらうから参列者は二、三十人になる。そういう時は、葬式のように奥の間の襖を取り払って四部屋続きにして法要を行う。読経や焼香は仏壇の前で、仏壇も普段の金色の彫刻が極彩色になる。料理はもちろん精進料理で、私の家では「八百喜」という店から来て、台所で調理していた。食器も黒塗りの本膳一式、二十人から五十人分は、どこの家でも常備していたものである。接待には例の雇女を呼ぶが、下足番は駕屋の担当だった。手伝いをする女子衆《おなごし》も揃いの鼠《ねずみ》色《いろ》の紋付（綿紬《めんつむぎ》）に黒繻子《くろじゅす》の帯を締めて料理を座敷に運んでいた。

胡麻豆腐や粒椎茸（どんこ）の白味噌汁が素晴しく美味しくて、法事があるのを楽しみにしていたものだ。

第三章　船場商家の食文化

船場の食生活

食文化などというと、学術的な研究のように思われるかもしれないが、自分が少年期に食べたことのある食品が、どんどん失われていくような気がする。そこで本章では、食べ物だけでなく、戦前と戦後で大きく変わった食文化について、記憶をたどって述べてみたいと思う。最初に船場の食生活を少し説明したい。まず正月の料理から記すが、これも母のメモによる。

正月の祝い膳

歳時記の章でちょっと触れたとおり、上方では正月の雑煮を祝い膳で祝う。祝い膳は先人のを受け継いで使い、子供が生まれても原則として新調しない。大きさは約四十センチ角で角切《すみき》りになっており、足の高さは男子用が五センチぐらい、女子用の方が高くて十センチぐらい、子供用はそれより一回り小さいが、一定していない。蓋《ふた》付きの飯椀と汁椀があり、蓋は「祝い肴」(ごまめ、叩き牛蒡《ごぼう》、数の子)を載せるのに使うが、私の家のは別に高坏《たかつき》が付いていた。男子用は朱塗り、女子用は黒塗りで内側だけ朱塗り。男子用は黒で定紋を、女子用は銀で女紋が付いている(古い家では男紋と女紋がそれぞれあった。私の家は、男紋が輪なしの抱茗荷《だきみょうが》、女紋は九枚梶《くまいかじ》＝九枚の梶の葉を矢車のように重ねた珍しい紋で、普通の紋帳にないので、紋付を染める時のために特注のゴム判を用意してあった)。ただ、女紋はない家も多かった。膳には大きな裏白《うらじろ》を一枚敷いて、その上に椀を置くので、子供のころは不安定で困ったものだ。銘々の名前を墨書した、金銀や紅白の水引を掛けた祝い箸を用いた(柳箸)。祝い膳は正月(三ヵ日)以外に各人の誕生日にも用いるが、この時は飯椀には赤御飯《あかごはん》(赤飯ではない)、汁椀は大根の白味噌汁、高坏には紅白鱠《なます》を盛り、別に大きい焼物皿に尾頭付きの小鯛の塩焼が出る。もちろん裏白は敷かない。

雑煮

私の家では、白味噌の雑煮は一、三の両日だけ。小餅と呼ぶ直径四センチ弱の小さな餅を湯通しして柔らかくし、汁の具は大根(雑煮大根と呼ぶ、直径二センチぐらいの細長いのを厚さ五ミリほどに輪切りにしたもの)、焼豆腐(二センチ×三センチほどに切ったもの)、小芋(直径二センチほどのをそのまま)を入れ、椀に盛った上に花鰹を載せる。二日だけは澄まし汁で、焼いた小餅と水菜《みずな》が入るが、この日は先祖の祥月命日に当たるとかで、出汁《だし》も昆布だけで鰹節は使わず、祝い肴も数の子を抜いていた。三日はまた白味噌。京都も三ヵ日は白味噌だが、大阪と違うのは、小芋の代わりに頭芋《かしらいも》を使うこと。何でも頭に立つような人になるようにとの意味で、大きいのを一個椀に入れて、少しずつ三日間かけて食べるという。餅の数は「食べ上がり」といって、毎日少しずつ多く食べる。これは大阪も同じである。

わが家の正月は昼の献立も決まっていて、元日は鰤《ぶり》の照焼、二日は棒鱈《ぼうだら》大根、三日は鮭のあんかけ、夕食は煮〆など作り置きのものを適当に食べる。お屠蘇は年末に薬屋が持参したのを、台付きの朱塗りの盃と銚子で祝った。来客用には、料理屋に作らせた組重《くみじゅう》(「おせち」とはいわず、金銀の水引のかかった箸紙に「海山」と書いて添えた)で接待するが、ほとんど手付かずに残るので、三ヵ日が済むと家族で食べるのが一つの楽しみだった。とくに私の好物は鰈《かれい》の生鮓《きずし》(昆布締め)と栗の甘煮。時にはお客が食べてしまうこともあり、残っているか心配したものだ。

商家の食事

三ヵ日が済むと普段の食卓に戻る。大阪の商家では、家族も使用人も、各自の箱膳《はこぜん》(一人用の膳で約三十センチ四方、高さも同じぐらいで上の蓋《ふた》を逆さにして乗せると膳になる。中に飯椀、汁椀と箸を入れ、下に引出しが付いていて焼物皿や手塩皿を入れる)を使って一緒に食事をする慣わしだった。だが私の家は仕舞屋なので、家族は奥の間で一メートル四方ほどの一閑張《いっかんば》りの机で食事をし、使用人は台所で長さ一間、巾四、五十センチの長い机で食事を摂っていた。

四日の朝には、三ヵ日の間に仏壇に供えていたものを粥にして食べる。これを「福わかし」と呼んでいたが、意味は不明である。

寒の入り(だいたい六日ごろ)には「から汁」(白味噌汁に卯の花＝おからの入ったもの)、具はかぶら(蕪)を入れる。これを食べると不思議に身体が温まった。

七草

七日は七草粥。これについては歳時記の章に詳しく述べたので省略する。また、この日には別家が正月の挨拶に来るが亭主だけで、女房連は別に十六日に来る慣わしだった。どちらにも「吉野寿司」の温鮓《ぬくずし》(蒸し鮓)を出し、亭主には酒も奨めた。温鮓は東京では見ないようだが、「吉野」のは上に乗っている錦糸玉子が太くて量も多く、海老のソボロも本物で、大阪名物の一つになっている。ちらし鮓の温かいのといえばわかりやすいが、具は細かく刻んだ焼穴子と椎茸だけ。紺地に金の桜を散らした丼も美しい。これは私たち家族も食べるので楽しみにしていた。別家はそれぞれ祝儀の品を持参するから、こちらからも祝儀(五円ぐらい?)を返す。

お盆の料理

お盆の料理(お供え)も決まっていて、十三日の昼はお迎え団子。団子といっても実は「おはぎ」で、こし餡《あん》と黄粉の二色。御飯は、餅米と粳米《うるち》を七三の割合にして使っていた。夕は茶粥に奈良漬。十四日は、朝が茄子の白味噌汁と、芽（ひじき）と薄揚げの煮物。昼は煮〆で具材は茄子、干瓢《かんぴょう》、こんにゃく。夕は「おすすり」といって、汁粉（東京でいう御膳汁粉）に貝割菜《かいわれ》の漬物。十五日は、朝が加茂瓜《かもうり》（冬瓜《とうがん》）の白味噌汁と菓子椀《かしわん》（茄子、隠元豆、薄揚げ）。昼が素麺《そうめん》に柚子。夕が芋茎《ずいき》（里芋の茎）の白味噌汁と「のっぺい」（小芋、牛蒡《ごぼう》、薄揚げ）、そして「送り団子」（これは白玉粉の団子で黄粉のみ）。この献立は家の宗旨である真言宗の決まりかどうか知らぬが、祖母が「どうして汁物ばかりなのか」と不思議がっていた。

以上が私の幼少期の年間行事の献立だが、私の家はいささか特殊かもしれない。

昭和戦前なにわの味

ここでは、私の記憶に残る食べ物について、思い出すままに述べることにする。まず、当時は子供だったのにどうしてそんなに昔の食べ物のことを知っているのか、から説明することにする。

何度も申し上げたとおり、私の家は仕舞屋であり、本来、船場の商家は食べ物について質素であった。朝食は冷飯に漬物だけ(味噌汁もなし)、昼は魚が出るのは一日、十五日の月二回。あとは毎日、野菜の煮付と汁。夕食になってようやく魚や肉が出るのが一般的なメニューである。

ところが、昭和三年(一九二八)に結婚した叔母の夫が、二、三年後に喘息《ぜんそく》を発病したことがきっかけとなり、わが家の食生活が一変したのである。勤めを辞《や》め、一と夏、伊豆に転地療養して体調が回復したものの、自家の商売はすでに弟に任せていたから、生玉の別宅で叔母と二人の遊民生活となった。もともと機械いじりが好きなので、運転免許を取って自家用車を買い、わが父にも奨めたのである。誘いに応じて父も運転の練習を始めたが、生来不器用な性《たち》なので、車は買ったが免許取得は諦め、運転手を住み込みで雇うことにした。そこで月に一、二度、車を二台連ねてのドライブが始まった。東は京都、滋賀、奈良、西は神戸、明石、南は和歌山へ、社寺や名所を見物して、帰りはどこか有名な料理屋で食事をするのが恒例になった。私は初孫で祖母に可愛がられていたのでいつも連れていってもらったが、母はいつも留守番だった。こうして私は子供のころから、旨いものを食べ覚えたというわけである。これが私の食道楽の始まりだ。

昭和初期の船場(本町2丁目交叉点).(『ふるさとの想い出 写真集 明治大正昭和 大阪 上』国書刊行会より)

両家とも、最初はオースチンという英国製の小型車だったが、二年ぐらいで叔父はクライスラー、私の父はハドソンのテラプレーンという普通車に買い替えた。

車の話が出たついでに、本題から離れるが、ここで当時の自動車事情に触れておこう。街を走る車はほとんど外車、タクシーはフォードかシボレーで、どこまで乗っても一円だから「円タク」と呼んでいた。暫くしてメーターが出来、初乗りは三十~五十銭だったと思う。大会社の自家用車は、ほとんど黒塗りのパッカ

自家用車　ハドソン・テラプレーン．（昭和10年ごろ，著者蔵）

ード、車軸の赤い亀甲（六角形）が印象的で、車体が一回り大きく、いかにも高級車の感がした（稀にキャデラックもあった）。パッカードは戦後全く見なくなったが、他にもハドソン、スチュードベーカー、ナッシュなどがあった。当時はベンツなどはなかったと思う。そのころの自動車は馬力が弱く、小型だと二〜四気筒で七、八馬力、普通車でも六〜八気筒で十五〜二十馬力ぐらいだから、少し坂道を走るとすぐにオーバーヒートしてエンジンストップ。六甲山に登った時、エンストしてしまい、水を入れて冷やそうと、ボンネットの先にある給水の蓋を取ったとたん、熱湯が噴水のように上がって驚いたこともあった。

一、魚

大山椒魚《おおさんしょううお》

現在は特別天然記念物に指定されているから思いもよらないかもしれないが、昭和初年には大山椒魚を食べさせる店があった。京都の八瀬大原から途中越朽木谷《ごえくちきだに》を通って若狭《わかさ》（福井県）へ抜ける若狭街道（別称・鯖《さば》の道）に周山《しゅうざん》という町がある。ほとんど府県境に近い山奥だが、そこに山椒魚を食べさせる料理屋があると聞いてわざわざ出かけた。例によってオーバーヒートを繰り返しながら、数時間かかってやっと到着した。道幅四メートルほどの街道に沿った小さな溝のような流れの向こうに、間口五間ぐらいの平屋建の店があり、入口には暖簾が掛かっていた。入口へ向かう橋の傍に長さ三メートル、幅二メートルほどの木製の生簀《いけす》があって、中には体長七、八十センチの大山椒魚が二、三尾入っているのが印象的だった。座敷は十畳ばかりで薄暗かった。私は小学生だったから、別に玉子料理か何か作ってもらったが、一口だけ食べた山椒魚の肉は、確かに良い香りがしたのを憶えている。煮付や焼物にしてあったが、食感は鼈《すっぽん》に似ていたように思う。これは珍しい体験なので最初に紹介した。国立劇場に勤めてから、湯西川温泉の土産に山椒魚の干物を貰ったことがある。だが体長二十センチほどの小さいもので、焙って食べてみたが、固く何の香りもしなかった。

下手物《げてもの》

山椒魚から始めたついでに、私が食べたゲテ物について。

昭和六十年ごろだったと思うが、国立劇場の有志で北陸へ出かけることになった。当時の劇場の監事が元北陸財務局長だったので、紹介してもらって金沢の老舗料理旅館「つば甚」に宿泊、加賀料理に舌鼓を打ち、あとは東の廓のお茶屋で金沢名妓の踊りを楽しんだ。その以前に観世栄夫君から、金沢の近く白山の麓の鶴来《つるき》というところに、ゲテ物を食べさせる「和田屋《わだや》」という店があると聞いていたので出かけることになった。栄夫の話では「たまたま崖から落ちて死んだ」羚羊《かもしか》の肉が堪らなく美味しかったというので、期待して行ったがその時は流石にカモシカはなかった。しかし、メニューは初めてのものばかり。突出しが「貉《むじな》の山家煮」、以下「月の輪熊の刺身」「狸汁」「岩魚《いわな》の骨酒《こつざけ》」「山鳥の焼物」等々。これらの中では、骨酒と焼物は成程美味。山家煮は飴《あめ》炊き風で食べられたが、狸汁は臭いがきつく、少し冷ませば……と時間を置くほど強くなってダメ。熊の刺身は冷凍になっていたので、溶けるのを待ったが、柔らかくなると脂がすごくて口の中がヌルヌルして味もわからず、早々に退散した。

ゲテ物といえば、これは小学生のころ、大阪の淀川の傍、多分毛馬《けま》の辺りだったと思うが、

「鮎の茶屋」という店に行った。その店の名物が「踊り食い」。小茶椀に水を入れ、三センチほどの稚魚が五、六尾泳いでいるのを摘《つま》んで、酢を付けて生きたまま食べる。もちろん私は子供だから食べなかったが、全く美味しそうには見えなかった。

鰉《ひがい》

明治天皇がとくに好まれたというので、この字が作られたという。琵琶湖特産の川魚で、よく飴煮などにされる本諸子《ほんもろこ》より大きく、体長は十センチ以上もある。これを売り物にしていた料理屋が浜大津の湖畔にあって「竹清楼《たけせいろう》」といった。ドライブで東海道を東に向かうと、山科を越えて湖が見える真正面にこの店があった。湖東へ行くにも湖西へ行くにも必ず通るから、自然と寄る機会が多く、十数回も行ったかもしれない。三階建の大きな家で、屋根の上の店名を書いた大きな看板が印象的だった。小学生時代の私は、小骨の多い小魚は苦手だったので食べなかったが、大人たちは素焼にして酢を付けて食べるのが美味しいと、五、六尾も食べていた。しかし、外来種のブラックバスなどに喰われて絶滅したのか、最近は名前さえ耳にしない。現在でもどこかに残っているなら一度食べてみたいものの一つだ。

琵琶湖では、北東に当たる醒ヶ井《さめがい》に虹鱒《にじます》の養殖場があった。まだ養殖の珍しいころだったが、結構広い土地に流れを作って、幼魚から成魚までいくつかに分けて游がせてあった。ここも、食べさせるための小ぢんまりした座敷があり、これは私も刺身や塩焼など食べたが、なかなか美味しかった。この養鱒場もなくなったと聞いている。同じく湖の南に当たる瀬田川の瀬田蜆《せたしじみ》も、粒が大きくて美味だったが、最近は宍道湖《しんじこ》辺りの品に押されて全く見なくなった。今もあるだろうとは思うが。

鮒《ふな》鮓《ずし》

琵琶湖でもう一つの名物というと鮒鮓である。源五郎《げんごろう》鮒を使った熟鮓《なれずし》（魚の腸《わた》を除いて飯を詰め醱酵させたもの）の一種である。かつて国立劇場の出張で大阪へ行った時、同伴の友人が「長浜に鴨料理の名店がある」と言うので、途中下車して試食することにした。北から渡って来た青首の鴨の鍋は脂が乗っていて、わざわざ立ち寄るだけの値打があった。店を出たあと「鮒鮓も買いたい」とのこと、タクシーで土砂降りの雨の中を探し回って、やっと手に入れたことがある。私自身は、鮒鮓は匂いがきつくて余り好みではないが、子持ち鮒の卵巣だけは確かに美味しいと思う。それについて思い出すのは、中島勝蔵祇園甲部取締（当時）の話。何かの席で鮒鮓が大好物だと話したところ、彼処此処《あちこち》から鮒鮓が届いて困ったとのこと。確かに、そう沢山食べられるものではないし、日持ちもしないから、どうされたのかと可笑しかった。ちなみに、茶漬けにする人もあるようだ。

鮒《ふな》の刺身と鯉《こい》の洗い

関東ではほとんど見掛けないが、関西では鰻屋《うなぎ》の店先には必ず鮒の刺身が並んでいたものだ。もちろん店内でも出してくれる。鮒は身が薄いから、三枚に下ろして七、八ミリ巾に細く切り、酢味噌を付けて食べる。鰻の前の口取りにはちょっと乙なもので、川魚の臭味もない。これに代わって、東京では鯉の洗いを出す店が多い。

洗いといえば、最近は東西ともに、夏に洗いを出す店が少なくなった。しかし、夏は普通の刺身よりは洗いがよいと思う。かち割の氷の上に、金網やガラスの簾を敷いて並べた洗いの身は、見るからに涼しそうで食欲をそそる。私が東京に住むようになったころ、新宿小田急百貨店地下の食堂街に柳橋の「亀清楼《かめせいろう》」の店が出ていて、ここには夏に鱸《すずき》の洗いがあった。喜んで試食してみたが、洗いには違いないが造り置きを冷蔵庫で保存しているらしく、歯応えがなくてがっかりした。また一時期、近海で獲れる鱸は、コンビナートが増えたせいか、石油の臭いがして食べられなかった。そこで、文楽劇場在任中は、ときどき京都へ行って、「たん熊」で洗いを注文して不満を晴らした。その日のお奨めの魚を、目の前で調理して氷水で洗ってくれるから、身が締まって歯応えも十分、堪能した。近年は上洛する機会も少なく、すっかりご無沙汰しているが、東京にあるデパートなどの同店の出店で、何とか食欲を満たしている。

鰻《うなぎ》

鰻は全国的に分布しているが、天然物は高価で、ほとんどが養殖物である。その養殖場も近年までは浜名湖周辺が多く、新幹線の車窓からも見えたものだが、最近は少なくなって、ソーラー発電パネルに変わっているようだ。現在はむしろ九州の方が養殖池が多くなり、さらに中国や台湾からの輸入物がほとんどになってしまった。その上に、養殖に不可欠なシラス(鰻の稚魚)が不漁で、将来鰻が食べられなくなるかも、と心配する向きもある。

代表的な料理法は蒲焼だが、これは古くは筒切りにしたのを串に刺して焼いた形が、蒲の穂に似ていたところからこの名前になったと聞いたことがある。

料理法は、東西で大きく異なる。広く知られるように、東京は背開き。この地ではかつて武家が多く、腹から裂くのは切腹に通じると忌み嫌ったといわれるが、本当かどうか？ そして白焼にしたあと、一度蒸して余計な脂を落とす。一方、大阪は腹から裂き、そのあと蒸さずにタレを付けて焼く。だから脂が濃くて皮も固くなる。私自身はあっさりした江戸焼の方が好きだ。以前から大阪には「竹葉亭」、京都にも「神田川」「江戸川」など江戸焼の店があった。

ところで、大阪では鰻丼のことを「鰻まむし」と呼ぶ。これにも諸説あるが、私は「飯蒸《まま》し」が語源と信じている。最近は知らぬが、戦前の鰻まむしは並の場合、蓋を取っても肝心の鰻が見えない。上《じょう》になるとはじめて飯の上に鰻が乗っているのである。しかも、祖母に聞いた話だと、昔の鰻屋は、客が来るたびにその分だけの飯を炊いたそうで、蒸らしてないから柔らかくべとべとしている。家の飯でも柔らかいと「鰻屋のご飯みたいや」と言っていた。その上、まむしの容器は陶器の丼ではなく、漆塗りで丸い蓋が上から覆うように冠せてある。つまり熱々の飯の中に鰻を入れて蒸したのだろう。だから「飯《まま》蒸し」即ち「まむし」というわけだ。

大阪の鰻屋としては「東呉《とうご》」「柴藤《しばとう》」「菱富《ひしとみ》」、大衆店として「いづも屋」などが有名だった。私の家では鰻屋へ行くことはほとんどなく、もっぱら東呉に出前を頼んでいた。おそらくどこの店でも同様だと思うが、出前用の器が冷めないように工夫されていた。やはり塗物で色は茶褐色。まむしの場合は一人前ずつ、蒲焼や鰻巻《うま》きだと数によって大きさが変わるが、方形で二重になっており、下に熱湯を注いでその上の皿状の器に注文の品を入れ、蓋をすっぽり冠せてある。同様の一人前の器を東京でも見たことがあるが、店の名は失念した。

柳川鍋で知られる福岡県の柳川は、川の美しい水郷としても有名だが、ここの鰻飯は独特で、小さな蒸籠《せいろ》に飯を入れた上に鰻と錦糸卵を入れて蒸してある。タレが飯に染み込んで美味しい。

泥鰌《どじょう》

東京では「駒形」や「高橋」が有名で、いずれも丸のまま浅い丸鍋で煮て、骨まで柔らかくなったのが好まれ、店によっては、開いて笹掻き牛蒡と煮て玉子綴《たまごと》じにした柳川鍋もある。上方の店は柳川鍋一色である。ただ戦前に、京都の丸太町通、富小路《とみのこうじ》辺りだったと思うが、御所の南向かいに、泥鰌の蒲焼専門の「美濃庄《みのしょう》」という店があった。間口三、四間の小さな店だったが、鰻とは一味違う独特の風趣があった。戦後はなくなったようだ。

鼈《すっぽん》

鼈というと有名な店が、京都西陣の「大市」である。元禄年間の創業というから古く、その料理法は一子相伝で、他には漏らさない。それだけに、あの味は天下一品、他の店で真似をしてもどうしても及ばないようだ。私も小さいころに二、三度行った気がするが、いかにも古めかしい地味な構えで、何故か狭くて急な階段が幼な心の記憶にある。赤褐色の大きい土鍋（この鍋にも秘伝があるらしい）に、鼈と葱《ねぎ》と豆腐、それに餅しか入っていないが、酒が主の汁の味は忘れられない。山椒魚は敬遠した私も、鼈だけは大好物、とくに柔らかい甲羅が好きだ。

新聞記者時代に仲間の二、三人で、旨いものの食べ歩きをしようと、毎月の給料を積み立てて祇園にも出かけたが、大市の鼈は一人三万円（当時の給料は一万五千円ぐらいだった）と聞いて断念したものだ。それだけに、東京へ来てから新宿に鼈料理の店があると聞き、喜んで出かけたが、いろんな野菜が入った寄せ鍋風で味も全く違う。その上、中から鼈の首が出てきたのには驚いた(値段はそれほど高くなかった)。最近はデパートなどの「たん熊」や「美濃吉」の鼈鍋が、まずまず味が近いので、それで我慢している。

川魚から始まったので、そろそろ海の魚に移ろう。

活《いけ》締《じ》め

川魚はだいたい生きているのをすぐに料理するが、海の魚は沖で獲れたのを港まで運ぶうちに鮮度が落ちるから、釣り上げるとすぐに締めて血を抜く。これを活締めといって、手鈎《てかぎ》で頭の上を一撃するのである。だから私が子供のころ、家へ回ってくる魚屋の鯛《たい》や鱧《はも》の頭には、必ず大きな傷がついていたものだ。ところが東京に住むようになって、デパートの魚売場を見て驚いた。大阪では全く見たこともない魚が並んでいる。金魚の化物のような真っ赤な大きい魚。金目鯛や赤魚は当時の大阪にはなかった。見たことのない魚も、知っている魚も、頭に傷がない。東京では魚を締めないのかと思って、某誌に「魚の向う疵」という随想を書いたことがある。だが、これは誤りで、こちらでは尻尾の方に傷をつけて血を抜くらしい。近ごろは大阪でも傷のついた魚を見かけなくなったが、どうやら見た目を重んじるようになったせいらしい。しかし、脳を一撃して瞬時に殺すのと、尻尾の方から抜くのでは、どうしても身の締まり方が違うように思う。これも、中味より外見を大切にする現代風なのかもしれない。

鯛《たい》

鯛は「魚の王」といわれるが、確かに姿といい、色といい、そして味わいも王に相応しい。大阪では、歳時記の章で触れたとおり、四月ごろになると「魚島」の季節で、取引先や知人、親戚などの間で互いに鯛を贈り合う慣わしがある。各家には出入りの魚屋があって、毎朝丸い盤台《はんだい》に旬の魚を入れて回って来るが、鯛だけは必ず入っていた。それで、飛び切りの品があると贈り物に選ぶのである。体長五、六十センチぐらい、とくに目の上が鮮やかに青く光っているのがよい。鱗《うろこ》も黄金色に輝いている。こういう鯛は、刺身にしても、煮付けても、脂が適度に乗っていて、堪らなく旨い。三枚に卸《おろ》してみると、中骨の下の骨に直径一、二センチほどの玉が出来ていることがある。これは魚が鳴門の渦を通る時に骨が折れ、その場所が修復して出来た瘤《こぶ》だそうだ。こういう品は、とくに身が締まっているので「鳴門越え」といって珍重されるが、残念だが外からは判らない。失礼ながら、房総や伊豆の鯛にはない旨さである。

国立劇場へ勤めて間もなくのころ、関東生まれの同僚と大阪へ出張したことがある。馴染みの店で、鯛の造り（大阪では刺身のこと）を頼もうとしたら拒否するので、聞くと「不味いから他のものがいい」と言う。「そんなはずはないから、マア食べてみろ」と言って奨めたところ、同僚は一口食べて「エ、これが鯛か、旨い」と驚いたことがあった。しかし、最近は東西ともに養殖が主流になった。それも、出始めた最初は色が黒っぽくて一目で判ったが、近年は技術が進んで、色もよくなったから、よほどの高級店以外で食べるのは、全て愛媛や熊本の養殖物である。ずいぶん味もよくなったが、やはり昔の味が懐かしい。

鯛は、頭をとくに好んで、「兜煮」(粗《あら》焚き)や「骨蒸《こつむ》し」「木の芽焼」などとして珍重される。とくに頬の肉や目玉、唇など美味で、私も大好物である。京都のある店では、頭だけ使って、あとは鮓屋に卸すという話を聞いたことがあるが真偽は不明である。

魚島のころになると、茅《ちぬ》(黒鯛)、連子《れんこ》鯛、血《ち》鯛、玉目《たまめ》鯛、胡椒《こしょう》鯛など、鯛と名の付く魚がよく獲れて、食卓を賑わしたものだが、近ごろはまるで見なくなった。連子以外はいずれも美味で、とくに付焼《つけやき》(照焼)にすると、真鯛より旨いものもあった。

あこう

ここまでの魚名は一応漢字で書いてきたが、「あこう」だけはわからない。辞書によると「赤魚」のことで、赤魚鯛《あこうだい》のこと、と書いてある。しかし、私のいう「あこう」は羽太《はた》の一種だと思う。大阪では「あこう」といえば魚屋には通じたが、最近はどうだろうか。とにかく、私は最も旨い魚だと思う。やはり夏の魚で、わが家では、軽く湯引きして皮ごと薄造りにしたのを二杯酢で食べていた。身（魚肉）も旨いが、私はとくに皮の食感が堪らなく好きだった。

戦後、京都住居になってからも、一度もお目にかかることがないまま過ぎていったが、昭和四十年代半ばごろに二代目尾上松緑が上方狂言に興味を持って『桂川連理柵』（お半、長右衛門）を演ることになり、上方物だからというので私が台本を作ることになった。一日がかりの通し狂言なので、前半の「おかん長三」の件りを付け、二代目中村扇雀（四代目坂田藤十郎）が、おかん、お半、長吉の三役を早替わりで勤めた。それはともかく、松緑という人は料理自慢で、毎月、一座の俳優や関係者を紀尾井町の自宅に招くのが例になっていた。私も参加したが、「今日はよいアコウが入ったので、それをご馳走する」と聞いて、これは有難いと期待していたところ、出てきたのは赤魚。そのころは、東京で赤魚のことを赤魚鯛というとは知らなかったから、がっかりした。たしかに活きのよい立派な赤魚で、味付けも美味だったけれど、とんだ「あこう違い」だった。

つぎは、麹町にあった行き付けの割烹で、常々私が「あこう」の話をしていたので、「今日は珍しく「あこう」があった」と見せてくれた。それは赤魚ではなく、私のいう「あこう」に違いないのだが、なんと体長が六、七十センチもある。私が大阪で知っている魚は、せいぜい二、三十センチ。煮付けてくれたが、大味で美味しくなかった。

つぎは文楽劇場在任中で、たまたま難波高島屋の地下の魚売場の水槽に、少し小さめだが一尾游いでいるのを見た。その時は高いだろうと見過ごして帰ったが、それから半月ぶりぐらいに再び行って見ると、まだ游いでいる。今度は我慢しきれなくなって買うことにした。多分、二、三千円したと思う。その場で捌いてもらい、喜び勇んで煮付けてみたが、不味くてがっかり。それもそのはずで、一ヵ月近くも水槽にいたから、脂も何もなくなっていたのである。

それから数年後、やはり大阪の馴染みの店へ入ったところ、「本日の魚」に「あこう」があった。ここなら間違いなかろうと、早速、造りと煮付を注文したところ、板場からの返事が「ほかに注文する客がないと思うので、一尾買ってくれるなら料理します、但し一万円」とのこと。暫く考えたが、これが最後の機会だと、思い切ってOKした。出てきた魚の旨かったこと。やっと宿願を果たして大満足したが、その店ももうなくなった。

海鼠子《このこ》

海鼠《なまこ》の子、つまり卵巣である。直径一、二ミリほどの棒状で柔らかく黄色いものだが、口取りとして珍重される。しかし、私が好きなのは、それを沢山集めて干したもので、干海鼠子《ほしこのこ》といい、正に珍味。能登と長門で多く産するが、二つの産地で形状が異なる。能登産は三味線の撥のように片方が広がっていて撥子《ばちこ》と呼び、長門のは直径一センチ余、長さ八センチぐらいの棒状で棒子《ぼうこ》という。ともに火に焙《あぶ》って、小さく裂いたり、噛《かじ》ったりして食べる。

私がこの珍味を初めて食したのは、先述の北陸旅行の際の「つば甚」だった。日本の三大珍味、すなわち鱲子《からすみ》、雲丹《うに》、海鼠腸《このわた》より遥かに旨いと思う。だから、旅行の際に、金沢の近江町市場だったか金沢駅の売店だったか忘れたが、早速、撥子を一枚買った。千五百円だった。それ以後は、国立劇場の近くにあった加賀料理の店へ行くと必ず注文することにしていた。また、京都へ行った時は「たん熊」の本店で食べたが、こちらは棒子で、一本焙ってもらって五千円ぐらいした。現在は東京の店はなくなったし、京都へ行く機会も少ないので、食べることがないが、おそらく一万円ぐらいするだろう。

鱧《はも》

このごろは東京でも夏に鱧が食べられるようになったが、私が上京したころは「ハモ」と言っても通じないことが珍しくなかった。稀に扱っている店があっても、骨切りが悪くて舌にさわり食べられないものが多かった。それに太くて大きい品がほとんどだったが、これは玄海鱧、朝鮮鱧あるいは水鱧といって、大味で美味しくない。もともと蒲鉾の材料にするもので、瀬戸内海で獲れるのとは種類が違う。さらに柳葉《やなぎば》(刺身包丁)で骨切りをするので、皮まで届かないのである。上方では昔から鱧を食べるので、骨切包丁という特殊な巾の広いものを使う。

骨切りといえば、かつて四条大橋の西詰にあった料理屋「ちもと」が有名で「千枚鱧」と称した。一寸の長さに千の切目が入っているという意味で、確かに細かく見事だった。ここの主人、松井新七の夫人が二代目中村鴈治郎の姉だったから、私も楽屋で何度か会ったことがある。店を止めたあと、息子が四条通に割烹の店を出したのが「川上」で、店名の由来は主人が巨人軍の川上の大ファンだったからという。その娘さんが作家の松井今朝子である。

代表的な鱧料理は、まず「おとし」(湯引き)、大阪では「鱧ちり」という。醤油でなく梅肉をつけるのが正式。また葛粉を振ってサッと湯通しした「葛叩《くずたた》き」は椀種としては最高で「牡丹鱧《ぼたんばも》」ともいう。近ごろ多く見られる「鱧鍋」は、薄味の出汁鍋にサッと通して開いたところを食べるので「鱧しゃぶ」とも呼ぶ。松茸の季節だと最高だ。私の家では「鱧ちり」も食べたが、どちらかというと「付焼」(照焼)が多く、とくに木の芽を刻んで散らした山椒焼が好きだった。

鱧と同じく骨切りを必ずする魚としては油目《あぶらめ》(鮎魚女《あいなめ》)がある。鱧の小骨はY字状になっていて固く、しかも皮ギリギリまであるから、骨切包丁が必要だが、油目の小骨は柔らかくて身の中ほどにあるため、普通の包丁でも二、三ミリの巾に切目を入れればよいので、家庭でも料理出来る。これも木の芽焼が美味しく、鱧とは一味違った風味がある。

穴子《あなご》

鱧と同様に細長い体形の魚で、東京でも「江戸前の穴子」として東京湾で獲れたのを珍重するが、上方では播州の穴子が有名で、とくに明石と加古川の焼穴子は珍重される。今は埋立てで獲れなくなったが、泉州岸和田の穴子も名物だった。ここは穴子の肝煮も売り物にしていて、よく食べたものだ。鰻の肝とそっくりの形だが、もっぱら肝煮として売っていた。

ぐじ（甘鯛《あまだい》）

京の都は海がないので生魚が少ない。そこで若狭で獲れた「ぐじ」や鯖に軽く塩を振って都に運んだ。大山椒魚の項で触れた、若狭街道を鯖の道、あるいは「ぐじ街道」と呼ぶのは、ここから起こっている。若狭の魚を京へ運ぶには、もう一つ木之本を越えて湖北から舟で大津へ出るルートもあった。いずれにしても、京へ着くころに塩加減が上々になっているので珍重された。「若狭の一塩」を専門に扱う店もあった。私はかつて北條秀司や越路太夫に贈って、大変喜ばれたことがある。

一塩のぐじは、もちろん焼物にして食べるのが一般的だが、「瓢亭」では生のまま細造りにして、煎《い》り酒で食するのが名物になっている。また頭は汐汁にするが、ちょっと焙って熱燗の酒に漬けた「ぐじ酒」も濃い甘味が出て旨い。私は河豚《ふぐ》の鰭酒《ひれざけ》より、こちらが好きだ。焼魚

（塩焼）にするのも、京と大阪では違い、京は鱗《うろこ》を取らずに焼いて鱗が一枚一枚立っている美しさを見せるが、大阪は鱗を引いて焼く。これは、大阪は塩物より活の魚が多いためだろう。また「ぐじ」には皮の色によって、赤ぐじと白ぐじの二種があり、若狭は赤だが大阪にはどちらもある。魚の味としては、むしろ白ぐじの方が脂が乗っていて旨い（もちろん鮮度にもよるが）。

鯒《こち》

この魚も最近とんとお目にかからなくなった。かつては、春から夏にかけて馴染み深い魚だった。鰈《かれい》や鮃《ひらめ》のように扁平な魚形だが、こちらは左右均等に目が付いている。大きなものは六十センチ余もあるが、真っ白で淡白な味は椀種や煮魚として珍重され、時には刺身とくに洗いにした。そういえば、以前は吸物というと必ず魚の切身が入っており、炊き合せにもメインの品としてやはり魚が入っていたものだが、近ごろはどちらも野菜が主で、あとは麩や湯葉ばかりで、魚は入っていない。私は独りで呑む時には、必ず吸物を注文して酒の味を楽しんだものである。炊き合せも、以前は炊き出し（あるいは煎《い》り出し）と呼ぶことが多かった。

東京で天ぷらの材料として使われる雌鯒《めごち》は、ネズミゴチという別種の魚で、鯒の小さいのではない。関西では天ぷらに鱚《きす》を使うことが多く、メゴチはほとんど使わないが、大阪ではガッチョと呼んで、私の子供のころは浜寺の海水浴場などには必ずガッチョ釣りのテントがあった。

金魚掬《すく》いのような四角い木製の水槽にガッチョが沢山泳いでいて、三十センチほどの細い棒の先に付いた、短い釣糸と釣針で引っかけて釣り上げる遊びである。見かけに寄らず敏捷《びんしょう》で、なかなか釣れないが、釣れたガッチョは持ち帰って煮付にした。大阪の魚屋にはないが、泉州の方では浜で獲れたのを売っていて、惣菜として食べていた。

玉筋魚《いかなご》・鱵子《かますご》

玉筋魚は細長い五センチほどの小魚で、春に獲れるが、甘辛く佃煮にしたのを釘煮《くぎに》と呼んで、明石の名物になっている。細くて曲がっている形が釘に似ていることから付いた呼び名だろう。生でも売っていて、さっと茹でて酢醤油を付けて食べると旨い。広く大阪湾一帯で食べられている。

春先になると直径が一センチ、長さ七、八センチに大きくなったのを湯通しして、パック入りにして売られているのが鱵子で、一時は東京のスーパーでも見かけた。もともと違う魚だと思っていたが、今回辞書を調べて初めて同じ魚と知った。これも酢醤油で食べるが、味わいが少し違うように思う。

蛸《たこ》・飯蛸《いいだこ》

明石蛸といって有名だが、私が新聞社にいたころ、明石の蛸が海流の加減か何かで絶滅、同種のものを探したところ、フランスのものが近いので、輸入して放流し復活させたという記事を扱った記憶がある。だから現在の蛸はフランス原産というわけだが、一部には昔からのが生き残っていて混じっているかもしれない。しかし、東京で食べる房総辺りの蛸も味は変わらないようだ。

東西で違うのが飯蛸である。春になると腹に一杯、飯粒様の卵を持つところから付いた名前だが、どういうわけか東京で買うと卵が少ない。大阪のだと卵がギッシリ詰まっていて美味しいが、東京のは卵が少なくて旨くない。種類が異なるのか潮流の具合か、あるいは私が食べる時に運悪く飯《いい》が少ないのに当たるのか？　煮付けもいいが、私は茹でて酢味噌で食べるのが好きだ。もちろん、ギッシリ卵が詰まっているのを。

酢味噌で味わうもう一つは蛍烏賊《ほたるいか》。富山湾でだけしか獲れぬそうだが、あの食感が好きである。因みに蛍烏賊のことを、大阪では氷烏賊《ひいか》という。

蛸というと、現在では「たこ焼」を大阪の食べ物の代表のようにいうが、戦前の道頓堀には「たこ焼」の店など一軒もなかった。夜店などの屋台はあったかもしれぬが。ただ、古くからあったかも、と思うのは私の家に銅《あか》の鍋があったからである。玉子焼用の鍋のような形で、底に二列六個の凹みが付いていた。もちろん、「たこ焼」ではなく、丸い玉子焼を造ってもらうのだが、いつもは出汁巻で砂糖を使わないが、この時だけは甘い玉子焼だった。

伊勢海老《いせえび》

昭和十九年(一九四四)、高校最後の夏休みに、紀州を回ろうと友人三人と出かけた。戦争末期のことだから、もちろん米穀通帳持参、家でも碌なものは食べていなかったから、紀州なら魚ぐらいは食べられるだろうと考えたからである。当時はまだ紀勢線が全通していなかったから、尾鷲から木之本までは船だった。熊野三社、那智に詣でて、茶店で昼食を摂ることにした。何か食べられるか? と聞くと、伊勢海老があるという。コレ幸い、と造りを注文したところ、出て来たのは体長五十センチもある大物。今の先まで生きていたのだから、その旨いこと、プリプリした身の緊《しま》りといい、何ともいえぬ甘味。長い間、配給の魚ばかり食べ馴れた舌には、夢かと思うほどの美味しさだった。もちろん頭は味噌汁に。十分堪能して帰宅したところ、翌日に徴兵検査というオマケまで付いていた。今だったら携帯ですぐに連絡がとれるが当時のこと、家では、どうなることかと随分やきもきしたようだった。

その後、新婚旅行で伊豆を回った時、下田で昼を食べることになり、探したところ伊勢海老センターがあるとのこと。早速行ってみたが、先の熊野のとはまるで違って、全く甘味がなくガッカリ。また別の機会に房総でも食べたが、先の熊野のものには遠く及ばなかった。私が三島由紀夫の新作歌舞伎『椿説弓張月《ちんせつゆみはりづき》』を手伝うようになった時に、彼が下田の伊勢海老センターが好きだと聞いて、恐らく上方の伊勢海老を食べたことがないのだろうと思った。その後、一度センターへ行くことがあったが、『弓張月』序幕の伊豆大島の大道具がそこからの眺めにそっくりだったので、成程この景色の応用だったのかとわかった。

蝦《えび》

つい先ごろまで、デパートやスーパーの魚売場には大きな水槽があって、数十尾の車海老《くるまえび》（養殖もの）が元気よく泳いでいたものだが、最近はまるで見掛けない。それればかりか、車海老そのものが姿を消して、代わりに大正エビとかブラックタイガーとか、海外産のそれも冷凍物ばかり並んでいるのは何故だろうか。流石に鮓屋には、躍《おど》りにする活の車海老はあるが……。そういえば、芝海老《しばえび》も見ない。

海老料理の代表は何といっても天ぷらだが、これも東西で大きく違う。上京して間もなく、浅草の「三定」の天ぷらを見て、色の濃いのと、搔揚《かきあ》げの大きさに驚いた。関西では、あんな色の天ぷらを見たことがない。これは使用する油の違いで、関東は菜種油を使うのに対し、関西は白絞油《しらしめあぶら》（大豆油などを精製した油。近ごろはサラダ油を使うところも）を使うからである。また、関東ではもっぱら天出汁を使うが、関西では焼塩で食べることが多い。

天ぷらで思い出すのは、千日前の大阪歌舞伎座の裏にあった「喜よし」という店。初代鴈治郎の番頭だった喜介どんが開いた店だ。間口二、三間の小さな店で、中に入ると、正面に料理場があって、その前に巾二メートル余の畳敷きがあり四、五人座れる。直径五十センチほどの天ぷら鍋が煮立っていて、横の台の上には、鮓屋が生ウニを入れるのに使うヘギ（経木）の折《おり》に、皮をむいた体長七、八センチの脚赤《あしあか》（芝海老）が十尾余り入ったのを、数段積んである。喜介どんが手際よく一尾ずつ揚げ、客の前の二つ折りの半紙の上に載せると、客はつぎつぎに一口で食べていく。海老ばかり、ネタが切れる前に、裏で手伝っているお女将さんが新しいのを運んでくる。そろそろ満腹に近くなると、野菜を三、四品。そして最後は、天茶（海老が三、四尾）で締め。子供の私でも軽く三十尾ぐらいは食べたが、一人当たりの勘定は八円余。当時一流の料亭の「つる家」や「灘万」でも一人五円が相場だからずいぶん高値だが、美味しいから足繁く通った。

鰹《かつお》の叩き

現在は知らないが、私が勤めていたころは、新聞社の地方支局と本社との間で定期的に「編集会議」が開かれており、本社の地方部長、デスクと当該地方版編集者が現地へ赴くことになっていた。会議は表向きで、実質は接待されるのが主だった。お蔭で私も西日本（九州以外）の各地を知ることが出来て得るところが多かったが、高知版を担当していた時の会議は、吉田茂が帰郷の際に定宿にしていた「城西館」に宿泊、しかも彼が好んで使用する座敷で宴が開かれた。

名物の皿鉢《さわち》料理に舌鼓を打った中でも、本場の鰹の叩きには満足した。径四、五十センチの金襴手《きんらんで》の大皿に、厚めに切った鰹の叩きが一面に敷き詰められ、上に刻んだ葱が盛られていて、しかも温かいのである。薄い葫《にんにく》片を挟んで食べる旨さは格別だった。そこで帰阪して直ぐに、法善寺横丁にある土佐料理の「に志むら」という店に入って叩きを頼むと、一人前分の鰹をフォークの大きいのみたいな道具に載せ、隣家との間（二メートルぐらいか）の焼き場で、藁《わら》の火で焙ってくれる。本式の温かい叩きが食べられるので、しばしば行くようになった。ある時、誰かが家で叩きを作ると言って、「金串に刺してガス火で焼いたのを氷水に漬けると美味しい」と言うのを聞いて、オヤオヤと思った。叩きは温かいに限る。この店の土佐鮓も美味だった。肉の厚い鯖鮓だが、飯に胡麻が入っているのがよい。しかし、先年の法善寺横丁の火事のあと閉店したから、温かい叩きは、もう食えない。

牡《か》蠣《き》

戦前の大阪には、冬になると広島からの牡蠣船《かきぶね》が来て、それぞれ毎年決まった橋の畔《たもと》に舫《もや》って、牡蠣料理を商っていた。大きさはさまざまだが、いずれも屋形船で、中の座敷も、衝立《ついたて》で仕切った追込みから、六畳ほどの小間をいくつか備えたものなどいろいろ。どの船も「かき○」と店名を染めた幟を立てたり、大きな提灯を吊るして目立つようにしていた。

牡蠣料理といえば土手鍋や酢の物が代表的だが、私が忘れられないのは牡蠣飯《かきめし》。普通の「かやく飯」のような醤油味でなく、塩味で炊いた飯に大根おろしと山葵《わさび》を乗せ、海苔《のり》を散らした上から薄味の出汁《だし》を掛け、刻み葱を振って食べる。その旨さは格別で、私は今でも時々自分で料理して楽しんでいる。

寿司《すし》・鮓

大阪に握《にぎ》り鮓《ずし》の店が出始めたのは、多分昭和初年だろう。それまでは大阪で「すし」といえば、もっぱら押鮓だった。これには二種あって、「棒鮓《ぼうずし》」と「箱鮓《はこずし》」である。棒鮓は名前の如く、棒状にした鮓飯《すしめし》の上に、やはり酢〆にした魚の身を乗せ、その上に甘口の白板昆布を乗せて竹の皮で巻いたもの。鯛と鯖《さば》が主で、稀に穴子や鱧もある。代表的なのが船場に本店がある「すし萬」で、とくに小鯛の雀鮓《すずめずし》は格別の風味がある。もう一つ鯖鮓で有名なのが京都祇園の「いづう」。ここも鯖の肉がとくに厚く旨い。また新香《しんこ》(沢庵)巻も、お茶屋などで最後の締めに出す店が多い。「すし萬」「いづう」は各デパートにも出店している。

鯛や鯖の棒鮓は他の店でも販売しているが、やはり本家とは一味違うようだ。また鯖鮓の肉の薄いのは「バッテラ」と呼ばれ安価である。

箱鮓も名のとおり、四角い箱型の押鮓である。縦十五センチ、横七、八センチぐらいの大きさの枠に鮓飯を入れ、その上に海老、厚焼玉子、鯛、穴子などの薄い具を乗せて、上から厚い板の蓋で押し固めるが、実際には具ごとに作ったものを六片に切り分けて、それぞれを六個ずつ集めて一箱にする。大阪の代表的な鮓で、「大阪鮓」とも呼ぶ。これも船場に本店がある「吉野寿司」で、他の鮓店でも作るがやはり一味違うようだ（「吉野」については「船場の食生活」の「七草」の項の温鮓《ぬくずし》の時にも触れた）。

このほか、五月の節句前後に売られる粽鮓《ちまきずし》がある。押鮓を笹の葉で巻いて外見は粽そっくりに作る。具は海老、小鯛、穴子などで、一本ずつに具の名を書いた細い紙が付けられている。

二、肉

牛肉

今では「米沢牛《よねざわぎゅう》」「飛驒牛《ひだ》」「宮崎牛」など、ほとんど全国各地にそれぞれのブランド肉があるが、私が上京した昭和四十年ごろはデパートの精肉売場でも「神戸牛」「松阪牛」を見かけるぐらいで、それもべらぼうに高価だった。一方、普通に売っている牛肉は、固くて不味かった。関西は神戸が地元だけに、昔から肉といえば牛肉のこと。だから、カレーもカツもビーフが普通、関東では逆にどちらもポークが主である。

牛肉というと、まず「すき焼」が一般的だが、この料理法も東西で異なる。関東は割下《わりした》で煮るが、関西の店は熱した鍋に脂(ヘット)を塗って薄切りの肉を敷き詰め、砂糖(味醂)と醬油(濃口)で味を付けてから、少しの水を入れ味を整える。これから先は、野菜と肉を交互に足して、煮上がれば溶き卵を付けて食べるのは東西変わりない。ただ長葱は関西でも白葱(米子白葱《よなご》など)を使う方が多いようだ。すき焼店としては、京では三条寺町の「三島亭《みしまてい》」、大阪は道頓堀の「播重《はんじゅう》」が有名である。かつては「翁亭《おきなてい》」「いろは」などがあったが、今はどうだろうか。

戦後一般的になった「しゃぶしゃぶ」は、京都祇園の「十二段屋」の「牛肉の水炊き」が発祥だという。

猪《しし》

関西では丹波の猪肉(山鯨《やまくじら》ともいう)が有名である。猪鍋を「牡丹《ぼたん》鍋」ともいうのは、薄切りにした肉が牡丹の花弁に似ているからで、白く厚い脂身が旨い。一般的には味噌仕立ての土手鍋が多いが、私の家は澄ましの昆布出汁に、野菜は白葱だけを入れて煮ていた。少し臭いがするので粉山椒を振っていたが、脂身の甘いのが堪らなく美味しくて、私は鯨よりも好きだった。猪肉専門の料理店というのは知らない。

鯨《くじら》

現在は動物愛護や資源保護で大変だが、昭和初期のわが国は「捕鯨王国」を誇っていた。多くの捕鯨船が南極へ出かけて、大きな白長須鯨《しろながすくじら》などを陸上げする様子がニュース映画(今ではこれもなくなった)などで紹介されていた。一般の家庭でも惣菜としてよく食べたものだ。大阪の新町には「玉水」という鯨専門の高級料理店もあったが、私は行ったことがない。最も美味しい尾の身(尻尾に近いところの肉)は刺身にするが、わが家ではもっぱら水菜《みずな》と鍋にした。猪同様に昆布出汁で煮るが、少し臭いがするので粉山椒で消す。よい肉だと柔らかくて脂もあり、牛肉より旨いぐらいだった。魚屋が持ってくるのは冷凍していない生肉だったから、おそらく紀州あたりで捕れた背美鯨《せみくじら》や抹香鯨《まっこうくじら》だったのだろう。

鯨は肉ばかりでなく、皮に近い部分の脂身は「皮鯨《かわくじら》」と呼ばれ、薄く刺身にして酢味噌で食べると美味しい。また、鯨油を絞ったあとの脂身を乾燥したものを「コロ」と呼び、関東煮《かんとうだき》（おでん）の種には欠かせない。道頓堀の「たこ梅」などが有名だが、面白いのは関東煮は色が濃くて、東京のおでんは薄色。これだけが東西逆なのは不思議だ。コロと水菜を煮たのを「ハリハリ」といい、家庭のお惣菜である。

鶏肉《かしわ》

大阪の家では、以前から「鳥すき」をよくした。ヘットのような脂身はないから、東京のすき焼の割下のように、最初に味付けした汁に鳥を入れる。鳥肉は骨を外した皮と肉を一口大に切ったのを使う。他の野菜や具は牛すきと同じ、溶き卵も使う。

「水炊き」も、現在では博多風の骨付きが一般的になっているが、以前は文字どおりの水炊きで、小さく切った肉とミンチを入れた。これは、「鳥清《とりせ》」などの専門店から、出前を注文していた。ポン酢で食べる。現在も日本橋にある「鳥鹿」（カウンター）の「おはこ」というコースは焼鳥数本に鳥刺《とりさし》（肝が旨い）、スープに前菜が三種付いて二千円余りだから、手ごろでお奨めする。

戦前は、焼鳥というと鶫《つぐみ》や鵯《ひよどり》などの小鳥を焼いたものだった。これらを捕獲するための「霞網《かすみあみ》」や空気銃が少年誌の広告に載っていたものだが、現在は鳥獣法で禁止されている。

三、野　菜

つぎは野菜。「京野菜」に代表されるように、野菜は関西が美味しいようだ。これは関東ローム層に覆われた関東平野と、沖積層が拡がる河内和泉平野や京都盆地との地質の違いからくるものだろう。野菜が美味しいから、当然漬物も多様である。

聖護院蕪《しょうごいんかぶら》・聖護院大根《しょうごいんだいこん》

その名が示すとおり、古くは聖護院（京都市東山区）の特産だったが、市街化が進んだために現在は他の地区で栽培されているようだ。ともに直径二、三十センチもある大きな球型で、素人には見分けがつかないが、葉の形が違うようだ。蕪は京名物の漬物、千枚漬の材料で、特殊な包丁で、厚さを一ミリぐらいに揃えて切る技術には熟練を要する。京都には数多くの漬物店があり、それぞれ千枚漬を売っているが、個々に少しずつ味が違う。余り知られていない店に美味しいのがあったりする。

大根は普通「丸大根」と呼ばれているが、煮物にすると独特の甘味があって旨い。かつて裏千家出入りの懐石料理「辻留」の先々代、辻嘉一氏から教わったのは、土鍋に昆布を敷き、三センチぐらいの厚さに切った大根を入れ、ヒタヒタに水を加えて薄口醬油を二、三滴垂らし、蓋をしてトロ火で六時間煮ると旨いとのこと。早速試してみたが、成程得もいわれぬ旨さだった。ただ、長時間煮詰まらぬよう見張っているのが大変なので、度々は造れなかった。

辻留主人とは記者時代に何かの機会に知り合い、気に入られたのか親しくするようになった。初めて八重洲大丸に東京店を開くと聞き、たまたま上京することがあったので、是非寄りたいと話したところ、東京の店へは来てほしくないと言う。何故と尋ねると、「東京の人は味が濃いのを好むから、京都の店より濃くしているから」とのこと。それでもあえて行ったところ、たまたま主人が在店していて歓待してもらった。辻留主人については、もう一つ忘れられぬ思い出がある。ある時私が「これは美味しい」と賞めると、「あんたのような若い元気な人は、何を食べても美味しいもの。本当に美味しいものというのは、死期が迫って何も咽喉を通らなくなった人が「美味しい」と言うのが、本当に美味しいのだ」と窘《たしな》められた。

酢茎蕪《すぐきかぶら》

これも京都の上加茂《かみがも》の特産で、普通の蕪より細長く淡紅色を帯びている。これを漬けたのが、ご存じの「すぐき」である。終戦直後は塩が不足して漬物が造れないので、錦《にしき》市場などで生のすぐきを売っていたが、煮物にすると格別の甘味があり絶品だった。これも今では宅地の開発で畑が少なくなり、他の場所で作ろうとしたが、変質して普通の蕪のようになってしまうという。そこであちこちと適地を探して、現在は滋賀県で栽培していると聞いた。私の子供のころは、冬になると上加茂から大阪まで「すぐき売り」の女性が来ていた。大原女《おはらめ》のように紺絣《こんがすり》の着物に手甲脚半《てっこうきゃはん》で頭に手拭いを巻き、昔ながらに眉を剃り鉄漿《かね》を付けているのが、子供心に怖ろしかった。悪戯《いたずら》をすると「すぐき売りの小母《おば》さんが来る」と脅《おど》されたものだ。

水菜《みずな》

このごろは東京のスーパーでも普通に売っているが、これもかつては関西の特産だった。現在でも関東産とは一目で違いがわかる。関西のは関東物に比べて軸が細くて株が小さく、シャリシャリ感がまるで異なる。一般に先述のように鯨肉と煮ることが多いが、わが家では正月二日の澄まし雑煮に入れるほか、茹でて五センチほどに切り揃え、醤油をかけてお浸《ひた》しにしていた。葉にギザギザのないのを壬生菜《みぶな》といい京都の特産である。

筍《たけのこ》

筍も現在では全国各地で採れた品が出回っているが、かつては京都の嵯峨から西山あたりの名産になっていた。あの辺りは今でも孟宗竹《もうそうちく》の藪が多く、とくに朝掘りのものが珍重される。

孟宗は太くて成長が早いから、ほとんど地面に顔を出すか出さないところを掘らなくてはならない。したがって土中にあるのを採るので、下手をすると肝心の筍を傷つけてしまうから、丁度根のところへ鋤《すき》を入れて、地下茎から切りはなすには相当な熟練を要する。掘りたての筍は柔らかくて、苦味もなく、生でも刺身などにして食する。一方、市場などで売られているのは、新しくても生のまま食べるのは無理で、大きな鍋で、糠《ぬか》を入れて皮ごと水煮する。この時に、穂先の方の皮に切目を入れておくと、茹で上がった時に皮を剝きやすい。筍の皮は厚いから、剝くと思っていたよりも小さくなる。

筍は若布《わかめ》と合うので、若竹煮や岩竹椀にする。ほかに直《じ》き鰹（削り鰹）で甘辛く煮物にしても美味しい。また、百合根や烏賊《いか》と木の芽和えもいい。これは筍ではないが、新しい青竹の一節《ひとふし》を半分に割り、その中に好みの魚介などを入れて蒸し焼きにする「竹焼《ちくや》き」を名物にしている店もある。

また、洛西《らくせい》の長岡天神にある「錦水」という店は筍料理を売り物にしていた。最初は茶店のような小さな店だったが、そのうちに池の畔《ほと》りに小座敷を設けて、料理屋として流行っていたが、今もあるかどうか。

現在は三条寺町にある「とり市《いち》」が、注文すれば全国各地へ洛西の筍を送ってくれる。

松茸《まつたけ》

春の味覚が筍なら、秋は松茸。とくに京都の丹波産が珍重される。だが、近年は自動車の排気ガスのためとかで生産が減り、国内産は凄い高値である。スーパーなどに並ぶのは、ほとんど中国産、アメリカ産やカナダ産まである。しかし、戦前までの関西では、近くに松茸山が多くあって、私の家なども八百屋が毎朝何キロも届けてくれるので、惣菜としてふんだんに食べたものだ。今から思うと夢物語である。

このごろは、松茸といえばまず思うのが「土瓶蒸《どびんむ》し」だろうが、かつては料理屋などの品で、家庭料理ではなかった。水落家では「じりじり」(山田家では「湯松茸」という)と呼ぶ食べ方が多かった。それは適当な大きさに切った松茸を、酒と塩で味付けした出汁《だし》で煮るもので、大きな鉢にいっぱい作るのだが、美味しいので何杯もお替わりするから、すぐになくなっていた。あとは「焼き松茸」。これは「かんてき」(七輪)に炭火を熾《おこ》し、金網の上で包丁を使わず手で裂いた松茸を焼き、酢醤油を付けて食べた。また、大きく開いた松茸は、笠を裏返しにして酒を湛《たた》えて焼くと、とても美味しかった。子供のころは酒ではなく、卵をといて入れ焼いてもらったこともある。

松茸も、京都の「とり市」がシーズンになると手広く扱っている。私も二、三十年前までは二人の娘のところへ三、四本入りの籠を毎年送っていたが、どんどん値上がりするのと、年金生活で懐《ふところ》具合が厳しくなって止めざるを得なくなった。

さて「土瓶蒸し」は一般に、松茸と鱧《はも》、海老、鳥に銀杏、三つ葉を入れ、酢橘《すだち》を搾《しぼ》って食するが、高級店になると、却って鱧と松茸に三つ葉だけで、余分なものは入れない。松茸の風味が損《そこな》われるからである。また、この季節は先述の「鱧しゃぶ」が旨い。

松露《しょうろ》

赤松の根元に生えるのが松茸なら、海岸の黒松の林で採れるのが松露だが、戦後はほとんど見なくなった。大阪では南の堺、住吉辺りの海岸で採れたらしく、浜寺には「松露団子」という名物の菓子もあった。真っ黒な直径三センチ弱のボール状の茸《きのこ》で、以前は季節になると椀種としてよく使われたものだ。シャリシャリとした歯触《はざわ》りが独特で、私の好物の一つだったが、もう再びお目にかかることはないと諦めていた。

だが、昭和六十年ごろ東京電力の「お客さま相談室」の委員を引き受けた時に、「福島第一原発」の見学に招かれて、昼食に出された弁当の吸物に松露が入っていたのである。珍しいので尋ねたところ、付近の海岸の松原で採れるとのこと。久しぶりで嬉しかったが、東日本大震災の大津波で海岸の松もなくなっただろう。今では貴重な思い出になった。

椎《しい》茸《たけ》

椎茸もこのごろは生椎茸が主流になったが、戦前はもっぱら干椎茸だった。わが家では九州の宮崎や大分産を大量に買って、歳時記の章の「事始め」の項で述べた「かき餅」のように、大きな紙袋に入れ網を掛けて、台所の天井に吊るしてあった。惣菜の煮〆《にしめ》に使うほか、柄の部分は細かく刻んで「おから」に入れた。そのころは生椎茸は珍しく、滅多に口に出来ない高級品だった。「冠婚葬祭のならわし」の章の「法事」の項で触れたように、白味噌椀に入っている粒椎茸(どんこ)が、本当に美味しく思えた。

占《しめ》地《じ》

これも戦前は、ほとんどが天然物のホンシメジで、もっぱら酢の物に使われていた。最近は栽培物のブナシメジが多く、手軽に炒め物などに使われるようになった。

九《く》条《じょう》葱《ねぎ》

これも最近はよく見かけるが、名前のとおり京都の九条の名産。土質が違うためか、本場の品は甘味も柔らかさも違う。

水《みず》茄《な》子《す》

これは大阪府泉州の名産、普通の丸茄子より少し大きい。色も浅く、もっぱら塩漬けの漬物にする。これも最近はスーパーなどで、東京でもたまに見かける。

四、加工食品

豆腐《とうふ》

豆腐の名物は各地にあるが、京都の南禅寺と嵯峨天竜寺の「湯どうふ」は全国的に有名である。京都は「名水」が多いので、これを利用した産業が古来発達したが、これもその一つである。豆腐の美味しさは甲乙つけ難いが、いずれもシンプルなのが特徴だ。東京でも入谷の「笹の雪」、白山の「五右衛門」、あるいは大阪高津の「藤壺」など豆腐料理の名店があるが、どこも懐石風のコース料理で、いろいろな工夫を凝らした品が出て来る。京都は「湯どうふ」だけ。大きい鍋に出し昆布を敷き、四角く切った豆腐が入っていて、あとは付け汁と生姜、刻み葱にモミ海苔だけ。せいぜい胡麻豆腐があるぐらいで、正味豆腐の味だけで食わせる。もっとも、これは私が上方にいた昭和中ごろまでの話で、現在では店の数もふえたようだから、全く様替わりしているかもしれない。

湯葉《ゆば》

これも豆腐と同じく大豆を原料にするが、食感も味も全く違う。豆乳を温めて、上に張った薄い膜を取るが、そのままの生湯葉と、乾燥した乾(干)湯葉がある。京都には「千丸屋」「湯葉半」などの老舗が多いが、とくに生湯葉の場合は「汲《く》み上げ」といって、最初に張る湯葉を生醤油で食べるのが最高といわれ、早朝から来店する得意客も多いという(私も以前、誘われたことがあったが、早起きは苦手で行かなかった)。ただし、これも昔の話、現在はどうだろうか。

麩《ふ》

これは大豆ではなく、小麦粉から取り出されたグルテン(蛋白質)で造られ、生麩《なまふ》と焼麩がある。生麩は蓬麩《よもぎふ》、粟麩《あわ》、梅麩、紅葉《もみじ》麩などで、前の二つは厚くて太く、精進料理の煮物に使うことが多いが、後者は細長くてそれぞれ名称どおりの形になっている。ともに独特の食感を楽しむが、蓬麩はこれを皮にして漉餡《こしあん》を包み笹の葉で巻いた「笹巻き」(麩饅頭《ふまんじゅう》)がある。かつては「麩嘉《ふか》」の専売の感があったが、近年は和菓子店などでも売っているので、珍しくなくなった。

五、和菓子

菓子はもともと「くだもの」で果実を指す言葉だったが、茶道の確立とともに、茶の風味を引き立たせるために、菓子が生まれたという。

御所や多くの寺院とも関わって洗練された京菓子だが、古い店としては、粽《ちまき》で有名な「川端道喜《かわばたどうき》」と、羊羹で知られる「虎屋《とらや》」がともに四百年以上の歴史を誇る。ただ、「虎屋」は維新による東京遷都の際に東京に本店を移している。その他の店も、多くは百年ぐらいの歴史があり、各店それぞれに看板となる有名菓子を出している。なかでも、デパートなどに出店している「鶴屋吉信」が、群を抜いて全国的に知られるようになった。また裏千家出入りの「末富」は、他店に比べて値が高く高級感を出しているが、かつて姉小路《あねがこうじ》にあった「亀末広《かめすえひろ》」の別家で歴史は新しい。

これに対して大阪の生菓子は、町人学者や船場商人に育てられたので、京菓子とは一味違うところがある。代表的な店としては「鶴屋八幡」で、東京の麴町にも支店がある。ここの餡《あん》については、作家の小島政二郎が自著『食いしん坊』で絶賛している。現在は、帝塚山から宗右エ門町に進出した「福寿堂吉信」が、高級感を看板にしていて、京都の「末富」と競っている。

生菓子以外にも有名な菓子は多い。京都では「八ッ橋」。名前の由来は箏曲の八橋検校《けんぎょう》に発するというが、「聖護院」と「井筒」などがある。現在では、むしろ「生八ッ橋」で餡を包んだ品(「おたべ」など)の方が売れているようだ。その他、「豆政」の「夷川五色豆《えびすがわごしきまめ》」、「尾張屋」の「蕎麦餅《そばもち》」、「河道屋」の「蕎麦ぼうろ」などが知られている。大阪では、「天王寺」の「釣《つり》鐘饅頭《がねまんじゅう》」、「二つ井戸」の「粟おこし」、「喜多林堂《きたりん》」の「梅干飴」などがある。

六、麺《めん》

昭和四十年ごろ、上京して初めて「きつねうどん」を注文したら、汁が真っ黒で饂飩《うどん》が見えないのに驚いた。多分、醤油に薄口を使わぬためで、味も妙に甘辛く感じた。それから暫くして、東京でも「関西風うどん」の看板が目立つようになり、今では関西風が主流になって、饂飩が見えない店はほとんどなくなったようだ。古くから、饂飩は大阪、蕎麦《そば》は東京といわれているが、もっと昔は東西逆だったという。そういえば、歌舞伎の『助六所縁江戸桜』の舞台は江戸の吉原なのに、助六がかんぺら門兵衛の頭に載せるのは饂飩だし、名代の蕎麦屋「砂場」というのは大坂の地名だった。

それはともかく、東は蕎麦、西は饂飩と思われがちだが、饂飩が主なのは大阪だけで、京都はむしろ蕎麦屋が多い。三条の「河道屋」をはじめ「尾張屋」「大黒《だいこく》」など名店が多いが、「河道屋」の名物は「芳香炉《ほうこう》」。中華風の火鍋で、鶏、海老、蛤《はまぐり》に京野菜などいろいろの具に蕎麦を入れた「寄せ鍋」風の逸品で、ホーコーを芳香と洒落れて名付けたのも楽しい。店の構えも純京都風の町屋で、座敷になっている。現在はどうなっているか。

大阪の代表的な饂飩は、道頓堀の「今井」の「きつねうどん」と、船場「美々卯」の「うどんすき」。「今井」は新大阪駅にも出店しており、「きつね」以外の品も、上品な味で美味しい。道頓堀では古く、戦前は楽器店、さらにその以前は「稲竹《いなたけ》」という芝居茶屋だった。「美々卯」は戦前は御霊神社の傍にあり、初めは「エントツ」と称して火鍋を使った寄せ鍋風の品を売っていたが、その後現在のような「うどんすき」に変わった。いつか「美々卯」主人の薩摩卯一氏に、わが家でも「エントツ」の出前を取っていたと話したら、「へエあんた「エントツ」を知ってはるか」と懐かしがられたことがある。

大阪では堺の宿院《しゅくいん》に「ちくま」という、独特の蕎麦屋がある。ここも座敷へ上がって食べるのだが、売り物は「熱《あ》つ盛《もり》」だけ。酒を注文しても当てに出るのは、出汁を取ったあとの鰹節に醬油をかけて刻み葱を振ったのだけ。だから注文も、一斤《いっきん》、一斤半、二斤と目方でする。この変わった商法が珍しいのと、何といっても旨いから、遠方から自家用車で来る客も多く、いつも賑わっている。

面白いのは、「キツネ」「タヌキ」の名称が、各地で違うことである。「キツネ」といえば、一般に甘辛く味の付いた油揚げが入った饂飩のことだが、大阪にはもう一つ、味の付いていない油揚げを細切りにして入れた「キツネ」がある。そのため、普通の「キツネ」のことをわざわざ「甘《あま》キ」と言う人もあり、細切りの場合はただ「刻《きざ》み」と言うことが多い。

さて「キツネ」は大体どこも同じだが、「タヌキ」は大阪と京都でも異なる。大阪で「タヌキ」といえば「キツネそば」のこと。ところが京都では「キツネそば」は「キツネそば」で、「タヌキ」は「キツネ」のあんかけのこと。だから蕎麦と饂飩がある。東京では、ご承知のとおり、揚げ玉(天カス)が入っているのが「タヌキ」。これは種抜《たねぬ》きの洒落だと思う。文字どおり、所変われば品変わる、である。大阪では「ハイカラ」といった。

第四章　失われた船場ことば

このごろは東京にいても、電車内などで関西弁を耳にすることが珍しくない。それほど関西弁が一般的になったからだろう。それには、戦後普及したラジオやテレビで、関西発信の「お笑い番組」が多くなったのが大きく働いていると思う。しかし、昭和二十年代には東京で関西弁を聞くことは滅多になかった。私の友人で京大教授になった森毅《もりつよし》君(一風変わった男で、朝ドラに俳優として出演したりして名物教授になっていた)が東大生だったころ、満員電車(都電)の奥の方に進めないので「すんまへん、奥へ行かしとくなはれ」と大声で叫んだところ、乗客が驚いて通路をあけてくれたと聞いたことがある。また、自分の部屋の掃除をすませて、下宿の小母さんにゴミを捨ててもらおうと「小母さん、このごもく(関西では塵《ちり》のことを「ごもく」という)ほってもらえまっか?」とたのんだところ、怪訝《けげん》な顔をして考えていたが、しばらくすると五目めしが来たという。当時の東京では、それほど関西弁が珍しかったわけだ。そのかわり、元来関西弁だった「しんどい」は全国どこでも通じるようになった。

それはそれで有難いことなのだが、一方では大阪の「古き良き大阪弁」は、全く影をひそめてしまった。もちろん、言葉は時代とともに変わってゆくものであるが、それとは違った意味で、大阪弁が全く変わってしまったのである。

それは第二次世界大戦の戦災によるところが大きいと思うが、戦災に遭わなかった京都でも言葉の変化はあるようで、かつて狂言の三世茂山千作さんが「近ごろは京都弁が変わりました。

このごろの若い娘さんは「○○しおし」(しなさい)てなこと言わはりますけど、私らの時分は、あんなことは言わなんだもんどす」と嘆いておられた。だが、大阪弁の変化は次元が違うのである。

古くからの大阪弁の基本は「船場ことば」だった。「船場ことば」とは、船場・島之内・雑喉場《ざこば》・堂島から天満にかけての大店の主人たちによる一種の社交用語で、自らを謙《へりくだ》り相手を奉る丁寧な話し方である。もともと大阪の大店では、上方落語の『百年目』などに描かれているように、商売の実務は力のある番頭が仕切る。主人は奥にいて全体の動きを見るほか、出入り屋敷への挨拶や同業者の寄合いなどに顔を出して、いろいろな情報を集めたりするのが仕事だった(もちろん商いの実態を知らなくてはならないから、若い間に親戚や同業者の店に奉公して実務を勉強する)。そこで「○○でございます」というのが訛《なま》って「○○でごわす」となる。戦前の大阪では、これが一般的な言葉遣いだった。主人の言葉遣いに従って、使用人なども自然に丁寧な言葉遣いになっていた。私なども、学生時代に友人の両親と話すのに「○○でごわす」と言って、「マア古い言葉を使いはる」と笑われたものだ。文字にすると、西郷さんが喋《しゃべ》る薩摩弁に似ているが、発音が柔らかで全くニュアンスが異なる。文楽三味線の古老だった二代鶴沢清八(四代叶)などは、もう一段丁寧で「ござらっしゃります」と言っていた。

時代に連れて話し言葉が変わってゆくのは自然の流れである。昭和初期のころ、わが家と親交のあった高安六郎氏（船場の古い医家に生まれ、家業のかたわら演劇評論家として活躍。昭和二十二年〈一九四七〉の昭和天皇による初の天覧文楽で説明役を務めた）が、わが家を訪れて祖母と話すと、「あんたのとこへ来ると古い大阪弁が聞ける」と懐かしがられていたから、私の父や母の遣う大阪弁も昔とは違っていたのだろうと思う。

平成元年（一九八九）の秋に山村楽正君が国立劇場で「舞の会」を開いた時に、ゲストとして大阪の地唄の代表的存在だった菊原初子さん（人間国宝）を招き、私が「浪速今昔」と題する対談のお相手を務めたことがある。菊原さんは数え年の四歳から、父の琴治師《ことじ》やさらにその師匠だった菊植明琴《きくうえめいきん》について、琴の稽古を始めたとのことだ。若いころから船場の名立たる大家《たいけ》へ父の代わりに稽古に行ったというだけあって、実に綺麗な大阪弁で話す人だった。その時に聞いた話の中で忘れられないのは、そうした大家は通り庭を奥へ行くのに三の簾戸《すど》（普通の家は中簾戸までしかなく、私の家もそうだった）があり、それから奥は、女子衆《おなごし》さんの着物も髪型も変わり、挨拶のお辞儀の仕方も違うので、表の奉公人は奥へは通れなかったとのことである。まるで「大奥」の感がある。また、稽古が遅くなり道が暗くなった時は、必ず男性の奉公人が提灯を持って、家まで送り届けてくれたそうだ。菊原さんの綺麗な大阪弁も宜《むべ》なるかなと思った。こうした古い話し方が、最近は完全に消えてしまっている。

私の家でも年取った女子衆さんは、「頭を下げて頼んだ」ことを「手摺り《てす》体貌《たいぼう》で、頼んで参《さん》じました」などといった古い言葉を使うことがあったものだ。

実は船場、島之内の崩壊はすでに昭和初期から始まっていた。それは先にも述べたように、各店の主人たちが、店だけを残して家族の生活拠点を阪神間へ移す傾向が強くなりつつあったからである。私の母校だった船場小学校も、昭和十年を過ぎると学童数が急激に減り出して、隣接する愛日《あいじつ》小学校と合併となった。あの「産めよ増《ふ》やせよ……」の時代にである。近くの小学校も同様で、空いた校舎は中学校や女学校（船場は女学校）に転用された。それは当時、中等教育を望む傾向が強くなっていたからではないか？ それでも、主人たちは昼間は店へ出勤するし、店に勤める人たちはほとんど地元生まれで変わることはなかった。

けれども、度重なる空襲の結果、「船場・島之内」をはじめ大阪の中心部が根こそぎ焼野原になったことにより全く変わってしまったのである。街は戦後いち早く復興し、戦前よりもむしろ立派なビルがつぎつぎと建てられていった。だが、代々世襲だったオーナーたちは、シャウプ税制（第二次大戦後に、シャウプ勧告にもとづいて行われた税制改革）による法人化や、財産税、度重なる相続税などの重圧に耐えられず、一介のサラリーマンとなり果てていく。加えてラジオ、テレビのお笑いブームや、今東光の小説、勝新太郎の映画「極道シリーズ」などにより、「河内弁」が大阪弁の代表とされ、かつての船場・島之内の優美な「船場ことば」は姿を消すことになった。

そこで、昔は広く使われていたのに、現在ではほとんど、あるいは全く聞かれなくなった「船場ことば」を、思いつくままアトランダムに並べてみよう。

○とうさん・いとさん（いずれもお嬢《じょう》さん。姉妹が多いと、上からおいとさん、中いとさん、小いとさん、豆いとさん、芥子《けし》いとさん、と呼ぶ。「こいさん」というのは小いとさんの略であり、妹娘に限る呼び名である） ○ぼんさん・ぼんち（坊《ぼっ》ちゃん。これも上から、おぼんさん、……芥子ぼんさん、となる。私の家では⿱前男という字を使っていた。なお、大阪では必ず「さん」付けで呼び「はん」は目下の人以外には使わない。また独身の間はいつまでも「ぼんさん」であり、結婚して初めて若旦那《わかだん》さんになる） ○お早《はよ》うお帰《かえ》り（いってらっしゃいの意味で私などは普通に使っていたが、いまは全く聞かない。「行って来ます」は「行って参《まい》ります」が普通で、奉公人は「行って参《さん》じます」と言った。今は大阪でも「いってきます」「いってらっしゃい」と言う） ○なぜる（撫《な》でる） ○おます（あります、そうです。これも最近ほとんど聞かない） ○ずつない（苦しい＝術《じゅつ》ない） ○けなるい（羨《うらやま》しい） ○こそばい（擽《くすぐ》ったい） ○ねそがこと（そ）する（目立たぬような人が大事を起こす） ○きんとと（金魚） ○かっか（下駄） ○ちちくま（肩車） ○きびしょ（急須《きゅうす》） ○おむし（味噌） ○おまん（饅頭、生菓子） ○がんじ（丸薬《がんやく》） ○おひつ（飯櫃《めしびつ》、おはち） ○おしたじ（醤油） ○しっかい（悉皆＝布の洗い張り） ○おじゃみ（お手玉） ○ちちりん（松毬《まつかさ》）

○しぶちん（けちんぼ） ○がらんど（空《から》っぽ） ○びびんちょ（汚《きたな》い、不潔。トイレに行って手を洗わなかったりすると「ビビンチョ、カンチョ」とはやしたてたりした。いまだったら「いじめ」だろうか？） ○かんしょやみ（潔癖症＝常軌を逸した清潔者） ○ちんこのまじない（呪文か？二、三歳ぐらいの幼児が転んだりして泣いたときに、こう唱えながら撫でると痛みが止まるとされた。私も小さいころ母がやってくれたが、実はショックで泣いたので、本当は最初から痛くなかったのかもしれない＝チチンプイプイ） ○ねき（傍《そば》） ○とうない（とても） ○あんさん（あなた。親しい間柄だと「あんた」となる） ○あとじょり（後《うし》ろ下がり） ○あも（餅） ○いらち（せっかち） ○いてる（寒い） ○うろ（周章《あわ》てる） ○べんちゃら（お世辞） ○ええし（金持ち） ○おすもじ（寿司） ○おてしょう（手塩皿《てしおざら》） ○おとがい（顎《あご》） ○でぼちん（額《ひたい》） ○ごきんとさん（きっちり計算する。釣銭や割り勘のとき） ○えんばんと（折悪しく。米朝君の『上方落語ノート』には京都だけのように書いてあるが、大阪でも使った） ○あつけ（熱中症などを「暑気《あつけ》が入る」といった） ○はばかりさん（ご苦労さん） ○おけそく（仏前に供える餅） ○おんびき（蟇《ひきがえる》） ○おんごろもち（土竜《もぐら》） ○おねきり（おにゃんま） ○らっぽ（銀《ぎん》ヤンマの雄） ○べに（同じく雌） ○ぼっかぶり（ゴキブリ）

まだまだあると思うが、このくらいにとどめておく。

あとがき

九十六歳にもなって「ぼん」でもあるまいと、われながら恥ずかしいが、書名などは岩波書店編集部にお任せした。何度も言うように、ときどき電子辞書を引くぐらいで、母のメモ以外は私の小さな頭に残る記憶だけを頼りに書き進めた。さぞ間違いも多いと思うついでに「あとがき」も趣向を変えて、私の身辺で本当にあった「水落家の怪異談？」をご紹介して、お茶を濁すことにする。あしからず。

（その1）　母の女学校時代に、とくに仲良しの三人組があったが、結婚して間もなく一人が亡くなった。それから毎晩のように、母は三人で出かける夢を見たそうだが、何故か自分だけ途中で用事が出来て帰ることになる。暫く経って、もう一人の友人が亡くなった。母はお悔やみに行き、先方のお母さんに夢の話をしたところ、「うちの娘も同じ夢を見たと言うてました」と聞いて、自分だけ別れて帰ってよかったと話していた。そのお蔭か、母は満百一歳の長寿だった。

（その2）　これは露石の姉の家の話。彼女は分家して聟《むこ》を取り、久宝寺町で時計商を営んでいたが、ここも男子がなく娘に聟取りをした。その聟が時計商を止めて、そのころ流行っていた人造真珠（硝子玉に塗料を塗ったものらしい）を扱う仕事を始め、カナダへ行くことになった。娘は久宝寺町の家を処分して、当時阪急電鉄が開発した仁川《にがわ》（現在の宝塚市）に住宅を買い、聟の留守中に引っ越した。その後、ある朝に住宅地の管理人から「昨夜はご主人がお帰りで、おめでとう」と言われ、「イヤ、うちは帰ってまへん。他所《よそ》とお間違いでは？」（管理人は主人の顔を知らない）と言って別れた。しばらくしてカナダから「ご主人が風土病で急死した」との電報が届いたという。

（その3）　昭和十年の「初午」の夜、いつものとおり提灯を下げて裏庭の見廻りに行った若い女子衆が「キャーッ」と悲鳴を上げて、台所に転がり込んできた。聞けば背戸へ出たトタン、例によって灯してあった二十本ほどの提灯の灯が、風もないのに一斉に消えたという。それから暫くして、百メートルほど西にあった隠居所から「今、曽祖母が亡くなった」と電話（専用電話）で知らせてきた。

以上、三つとも私の実体験だが、ちょっと不思議ではある。

ところで私自身は運が強いらしく、実家が昭和二十年(一九四五)三月十三日の大阪大空襲で全焼したにもかかわらず、自分は京都に下宿していたから出遭っていない。同月に中座で開かれた「花形歌舞伎」も、十一日に見て翌日京都へ帰ったのである。そのあとに空襲。その後、一家は西宮に仮寓したので時々帰っていたが、私の不在の時に限って空襲があり、近くに爆弾が落ちたこともあった。六月には大学から舞鶴へ一ヵ月の勤労動員に出かけたが、終わって京都へ帰って直ぐに舞鶴が空襲された。

それで当時は「魔除の庄ちゃん」と呼ばれていた。

その後も、平成七年(一九九五)一月、やはり中座で開かれた扇雀(坂田藤十郎)君の千回記念興行の『曽根崎心中』を見るために切符を用意していたのだが、東京から出掛ける日の早朝に阪神大震災が起こったのである。どうも悪運が強いらしいが、私自身は「死後の世界」など信じない方だから、娘たちには葬儀は無宗教で、あとは散骨するよう頼んである。

最後に、出版を奨めてくれた矢野誠一君、出版を引き受けて頂いた岩波書店の編集部の方々、とくに乱筆乱文の原稿、図版の収集など多大のお手数をおかけした担当の中嶋裕子さんには、深く感謝申し上げる。

令和三年十一月

山田庄一

山田庄一
古典芸能(歌舞伎・文楽)演出家・評論家．1925年大阪船場の旧家・水落家に生まれ，幼いころから歌舞伎・文楽など古典芸能に親しむ．1947年京都帝国大学医学部薬学科卒．岐阜薬科大学助教授，毎日新聞記者を経て，1966年より国立劇場勤務．開場にあたり創立メンバーとなり，開場後は主に文楽公演の制作を担当する．調査養成部部長，国立劇場理事(国立文楽劇場担当)，国立能楽堂主幹などを歴任．1991年定年退職．以後も歌舞伎・文楽の制作を多数手掛け，古典の復活上演，新作の台本制作にも取り組む．

京なにわ 暮らし歳時記――船場の「ぼん」の回想録

2021年12月24日　第1刷発行

著　者　山田庄一《やまだしょういち》

発行者　坂本政謙

発行所　株式会社 岩波書店
〒101-8002 東京都千代田区一ツ橋2-5-5
電話案内 03-5210-4000
https://www.iwanami.co.jp/

印刷・精興社　製本・牧製本

ISBN 978-4-00-061508-2　　Printed in Japan